老子的伟大设计

张龙元 张莉鑫 ○ 著

《道德经》 注校释

中国商务出版社
CHINA COMMERCE AND TRADE PRESS

图书在版编目（CIP）数据

老子的伟大设计／张龙元，张莉鑫著. －－北京：中国商务出版社，2018.5

ISBN 978 - 7 - 5103 - 2404 - 8

Ⅰ．①老… Ⅱ．①张… ②张… Ⅲ．①道家②《道德经》－研究 Ⅳ．①B223.15

中国版本图书馆 CIP 数据核字（2018）第 100514 号

老子的伟大设计
LAOZI DE WEIDA SHEJI

张龙元　张莉鑫　著

出　　版：中国商务出版社

地　　址：北京市东城区安定门外大街东后巷 28 号　邮编：100710

责任部门：商务与法律事业部（010 - 64245686　cctpress1980@163.com）

责任编辑：陈红雷

总 发 行：中国商务出版社发行部（010 - 64266193　64515150）

网　　址：http://www.cctpress.com

邮　　箱：cctp@cctpress.com

排　　版：墨知缘

印　　刷：济南精致印务有限公司

开　　本：880 毫米×1230 毫米　1/32

印　　张：5　　　　　　字　数：130 千字

版　　次：2018 年 7 月第 1 版　印　次：2018 年 7 月第 1 次印刷

书　　号：ISBN 978 - 7 - 5103 - 2404 - 8

定　　价：38.00 元

目　录

第一部分
称职的道德天尊

　　老子姓李名耳，字聃，又或字伯阳。华夏族，楚国苦县历乡曲仁里人。大约生活在春秋时期（公元前 571——471 年）。据说生于殷商二十二年岁次庚辰二月二十五日卯时。是我国古代伟大的哲学家、思想家、道家学派的创始人。是道教三祖之道祖（姬姓轩辕黄帝为始祖，张道陵为教祖）。道教尊老子为道德真君、道德天尊。在世人心目中老子是被"天帝"委派掌管"人教"的道德天尊。与开天辟地元始天尊盘古齐名〔道教三清：元始天尊（盘古）、道德天尊（老子）、灵宝天尊〕。老子在人民心目中的"官衔"相当于现在的联合国（人类）的"教育部长"。《道德经》就是老子制定的"教育大纲"。

　　唐朝皇帝姓李，自称是老子的后裔。尊老子为"太上玄元皇帝""圣祖大道玄元皇帝""大圣祖高上金阙玄元天皇大帝""真元皇帝"。则天皇后封老子为"太上老君"。大中洋符六年（1013 年）又封老子为"太上老君混天上德皇帝"。

　　霍金认为：自然万物的"如何"是一种"伟大设计"。则这个"伟大设计"的设计者就是老子的"道"。老子潜心修道，道行高深，道法齐天。穷毕生精力，凭超凡脱俗的高超智慧，成就了毫无瑕疵的人类教育的"教学大纲"——《道德经》。

老子的《道德经》在古今中外哲学名著中排名榜首。老子的哲学思想体系早已成为世界文化遗产的宝贵财富。老子是世界首屈一指的文化名人。老子的《道德经》自古以来的中文译本达数千种之多。解读、导读、评论专著不计其数。世界各国的外文译文版本也达到了近百种。在世界各国相继兴起了"老子热"。全世界（古今中外）的许多著名学者、哲学家、科学家都在研究老子的《道德经》并有专著、专论问世。德国哲学家黑格尔说："中国哲学中另有一个特异的宗派，……是以思辨作为他的特性。这派的主要概念是'道'，这就是理性。这派哲学及与哲学密切联系的生活方式的发挥者是老子。"德国哲学家尼采说："老子的《道德经》像一个不枯竭的井泉，满载宝藏，放下汲桶，唾手可得。"苏联的汉学家李谢维奇说："老子是国际的。"美国物理学家卡普拉说："道家提供了最深刻并且最完美的生态智慧。"英国科学史家、生物化学家李约瑟说："中国文化就像一棵参天大树，而这颗参天大树的根在道家。"还说："老子似乎用惊人的洞察力看透了个体的人和整个人类的最终命运。"老年时他干脆自称"名誉道家"，自名"十宿道人"。李约瑟一个英国人，一个世界级科学家、科学史家。但是他还是要以名"道"而自居，以明"道"而自荣。这足可证明老子的《道德经》是人类教育的杰作，是人类教育的最合格的"教学大纲"。

第二部分
《道德经》与自然科学

一、用天文学导读《道经》

　　《道德经》内容言简意赅，言之凿凿且奥妙无穷。古今中外的学者都在潜心研读，评价圣高，都一致认为《道德经》是古今中外名著中排行榜首的绝作。但是也有一些学者提出了不少的批判式看法。笔者从自然科学角度阐述自己的观点。

　　从自然科学角度解读老子的《道德经》，必须首先要弄清楚几个自然科学最基本的常识、概念。需要了解一点天文学、物理学……等自然科学的基本知识。首先，老子的"天下"和"自然万物"的应用范围是：人类认知的仅占宇宙约 2% 的创生宇宙（老子所在的时代还尚未发现人类认知的宇宙仅占整个宇宙的 2%）。其次，道是支配、掌控自然万物"如何"运动、演化的自然规律（法则、定律）。再次，道是自然万物由与生俱来的能量（电荷能、光能、热能、引力能）作用而体现出来的。

能量是非物质的，由能量体现出来的道也是非物质的。最后，宇宙是循环演化的，自然万物都是循环演化的，无始无端。老子的"始"系指创生宇宙（2%）的"诞生"。

二、道的内含

老子第一个提出了"道"的概念，并赋予了全新的内涵。"道"是自然万物奥妙变化的总门径（众妙之门）。"道"是支配、掌控"无名创生有名"和"有名创生自然万物"的主宰者。"道"是自然万物自身存在的自然规律（法则、定律）。

道和物是共存共生的。有物就有道，无物也无道。物是道的载体，道是物的精神，是物的灵魂。

有的大师级学者认为老子的"道"与古希腊哲学家赫拉克利特的"逻各斯"相提并论。认为两个范畴的内涵非常接近。赫拉克利特认为："逻各斯"是永恒存在的。万事万物皆依"逻各斯"而产生。但它不是任何神或者任何人所创造的，而是世界的"种子"，是一种"以太"的物体。"逻各斯"无时无处不存在于自然界和人类社会。但人们却不能感觉它的存在，然而它的存在是确实的。老子的"道"和赫拉克利特的"逻各斯"确实有些相似之处。两者都具有创生自然万物（万事万物）的功能。但是老子认为"道"是虚体的，是非物质的；是无形无状，无影无象，视而不见，触而不着，只能依赖人们的意识去感知的一种支配、掌控自然万物创生的自然法则、规律、定律；而不是创生自然万物的"种子"（以太）——物质粒子；是与任何"物质粒子"共存共生的一种"客观存在"。赫拉克利特认为"逻各斯"是创造世界（自然万物）的种子，是一种"以太"的物体，是一种人们感觉不到它的存在的物质。这是老子的"道"和赫拉克利特的"逻各斯"的截然不同的本质区别之处。这也是老子洞察天机的高明之处。这就是老子所具备的，而其他所有哲学家学们所不具备的，只有自然科学家才具备的，超凡脱俗的睿智和胆识。因此可以说老子不仅是一位超凡脱俗的政治家、哲学家、思想家……还是一位卓越的科学家。

"道"的研究范畴是自然万物运动、演化的"如何"，并非"为何"。"为何"是与生俱来的不需研究。牛顿研究发现了"运动三定律、万有引力定律……"真可谓成就卓著。但是在研究"第一推动力"时却无能为力。临死前却憾道：也许是上帝推动的吧！其实很简单——与生俱来的（动能、电荷能、热能、引力能都是与生俱来的）！谁要是刻意研究"道"的"为何"肯定会重犯牛顿的错误，陷入不可知论的泥坑。

"道"有两个层次。相对于"非常道"的是"常道"。"常道"是用直观层面、形象思维方式来认知、研究的道。"非常道"是用超越直观层面的思维方式——抽象思维方式来认识、研究的道。例如太阳系中各星系运动的"如何"是由万有引力定律所掌控的。万有引力定律（定性）就是"常道"。由万有引力定律推导出来的定理及数理关系（数学公式）就是"非常道"。领悟"常道"可认知自然万物的"如何"。领悟"非常道"不仅能够推知已知世界是怎样演化来的，还可推演未知世界及未来将怎样发展。（定理：任意两个物质质点通过连心线方向的力相互吸引。该引力的大小与它们的质量乘积成正比，与他们距离的平方成反比。与两物体的化学本质或物理状态以及中介物质无关。公式：$F = G \times M1 \times M2/R^2$）

"名可名"，第一个"名"，名词的名指道。第二个"名"，动词的（可）名指对自然万物进行探索推理（悟）的过程。用"名"进行研究分析推理的思维方式及程序谓之"可名"。"可名"也分两个层次，相对于"非常名"的是"常名"。"常名"是指常规的、直观层面的思维方式。"非常名"是指超越常规的、直观层面的思维方式——抽象思维方式。"常名"可领悟"常道"，"非常名"可领悟"非常道"。

三、创生宇宙的创生（宇宙的起源）

"无名天地之始，有名万物之母"（第一章）。"天地万物生于有，有生于无"（第四十章）。"天下有始，以为天下母"（第五十二章）。天地有始，始于无名。从古至今许多学者都理解为：宇宙是从"无中生有"而形成的。有的学者把老子的科学思想概括为"无——有——自然万物"的公式。把老子的科学思想变成了唯心主义的神话。

"无名"指宏观宇宙创生之前，宇宙万物处于"不可见"状态（黑洞类暗物质状态）。大爆炸后，宇宙万物呈现"太极"（元气）状态（现代科技认定太极就是弦粒子）。此时天空放晴了，"太极"看得见了，"有名"了。宏观宇宙的创生开始了。宇宙万物由"有名"的"太极"（元气）开始创生。所有的暗物质均可称"无名"，所有的自然万物均可称"有名"。"有名"的"太极"是创生宇宙"万物之母"。所以在"不可见"——"无名"的状态下，我们可以发挥（欲）想象能力、思维推理能力窥探、领悟（观）"无名创生有名"过程中的奥妙、蕴藏。领悟"无名创生有名"过程之道（自然规律），就像霍金窥探、研究黑洞且发现其定律一样（推导并创立出热大爆炸之宇宙起源学说）。从"有名"（玄粒子）——"太极"演化成宇宙万物（天地）的过程中，我们可以观察、研究、发现演化过程中所遵循的自然规律（道）。"无名"和"有名"都是宇宙万物在不同的存在状态下老子所定的两个概念"名称"。"无"并非"什么也没有"。"无名"是"看不见"物质（暗物质）之称谓，处于"无名"状态。"有名"和"无名"都是由小之又小、妙之又妙（玄之又玄）的物质粒子——"玄"粒子构成（同谓之玄）。最新的现代科技已经肯定地得出结论：宇宙万物都是由"弦粒子"演化而成。真可谓"众妙之门"。创生宇宙的创生是从弦粒子开始（有名万物之母）的。《易经》中的"太极"，《道德经》中的"有名"——玄粒子，现代的"弦粒子"指的都是同一种物质粒子。

　　老子的科学思想与现代的科技成就完全吻合。这就是老子洞察天机的高明之处。历代哲学家们在解释老子的《道德经》问题上总是出现许多不同的分歧意见，证明（社会）哲学家和（自然）科学家不能分家。

　　用现代科学观点理解"自然万物"，"自然万物"指的是仅占宇宙物质总量约为2%的创生宇宙（次级宇宙）。老子笔下的

"天下"和"自然万物"不包括创生宇宙之外约98%的另类空间和物质。

"万物混成，先天地生"（第二十五章）。自然万物与道共生共存同时诞生。"先天地生"说的是道在创生宇宙诞生前就已经存在。创生宇宙诞生前，物质呈"不可见"的"无名"状态。现代人称之为暗物质——黑洞、黑洞奇点。"暗物质"也是物。有物必有道，故有道"先天地生"之说。先天地生之"天地"指的是创生宇宙。老子认为"无名"的暗物质（黑洞、黑洞奇点）是由"玄之又玄，同谓之玄"的"玄粒子"构成的。"黑洞奇点""热大爆炸"后产生了"弦粒子"。"弦粒子"就是老子认定的"玄粒子"。"弦粒子"是"有名"的物质粒子。"无名天下之始，有名万物之母"（第一章）之"有名"就是指"弦粒子"。从无名演化为有名是经"黑洞奇点""热大爆炸"而实现的。"大爆炸"是"无名"转化为"有名"的转节点，分界线。现代科技已认定：创生宇宙中的自然万物都是由弦粒子逐渐演化而成的。老子的"宇宙创生"观（第一章）与现代的宇宙起源理论完全吻合。充分体现了老子洞察天机的高超智慧。

四、宇宙是循环演化的（不加"色彩"的循环论）

宇宙是循环演化的，不存在始与端的概念。"无名天地之始"（第一章）的"始"，指始于暗物质。由暗物质——黑洞、黑洞奇点（无名）经（霍金提出的）"热大爆炸"而诞生了

"弦粒子（有名）。"有名万物之母"指的是创生宇宙中的自然万物都是由"有名"的"弦粒子"在道的支配、掌控下逐渐演化而成的。宇宙的循环演化没有始，也没有端。具有圆的性质。"天下有始，以为天下母"（第五十二章）的"始"，（指的是）应该理解为创生宇宙的"诞生"有始。始于黑洞奇点热大爆炸所产生的"弦粒子"。创生宇宙是从"弦粒子"开始创生的，创生宇宙是由"弦粒子"逐渐演化而形成的。所以说"弦粒子"是创生宇宙之母。

"天下有始，以为天下母。既得其母，以知其子，复守其母，"许多学者都认为"始"就是"道"，道就是"母"，自然万物就是"子"。母与子的关系就是道与物的关系。是本与末的关系。这种理解本身就是错误的。道是精神的，非物质的。把"始"理解为"道"，且将"道"认定为"母"。那么自然万物的"创生"就成了"无中生有"。宇宙的演化是物质的演化。这就把老子的科学论述变成了唯心主义之谬论。许多知名学者由于缺乏应有的自然科学常识，连"母"和"子"的内涵都还尚未明白，就武断定论。连大学者张松如也认为："所谓既得其母，以知其子，复守其母。正是把概念形成理论证明，当作对具体事物认识的方法了。西周以来，中国已经产生了例如五行说那样原始、自发的唯物论。当老子第一次试图把那种元素化的物理性形式推进到更高阶段的理论性的形式时。他的理论形式的唯物主义思想，也因受到了历史与科学条件的限制而表现出某种不成熟性。这种不成熟性，反映到更为复杂的认识论领域中来就很容易带上一种以道观物的特点。这是老子在认识上

的失足落水的一个重要原因"（《老子较读》第301页）。老子
的宇宙创生观远远超越了五行说。与现代科技——宇宙起源完
全吻合。《五行说》中的木、火、土、金、水五种"元素"并
非现代意义的"元素"。现代意义的"元素"指的是构成宏观
物质的最小微粒（单位），是物质。而五行中说的五种"元素"
指的是物质或物事的属性。老子的宇宙创生观并非建立在《五
行说》基础之上。也可以说老子的宇宙创生观与《五行说》毫
无关联，是风马牛不相及的两码子事。如此可见说老子的认识
"不成熟"是认识论上的"失足落水"。其实是自己因缺泛应有
的自然科学知识造成了认识上的"不成熟"，认识论上的"失足
落水"。

"夫物芸芸，复归其根"（第十六章）。自然万物的循环演
化，就像芸芸众生的周期性变化。从种子萌发，到枝叶繁盛，
到开花结果，到种子成熟。年复一年周而复始。这是老子（洞
察自然）哲学思想最根本的、最重要的组成部分。许多人认为
老子的哲学思想带有"循环论色彩"。任继愈先生说："老子主
张虚心、静观万物发展和变化。他认为自然万物的变化是循环
往复的。变来变去，又回到原来的出发点（归根），等于不变，
所以叫静。既然静是万物变化的总原则，所以是常（不变）。为
了遵循这一'静'的原则，就不要轻举妄动。变革不如保守安
全。把这一原则应用到生活、政治各方面，他认为消极无为可
以不遭危险"（老子新译）。现代科学证明宇宙中的自然万物都
是循环演化的。老子悟出了"循环往复"是自然万物的演化规
律。这是老子洞察天机的伟大之举。说老子的哲学思想带有

"循环论色彩"，就像封建社会中某些学子笑"数学也是科学"一样（封建社会只看重文章其他都不算科学）。哲学家们都认为循环论含有"不变"之意。认为老子没有看到自然万物的发展和变化。没有看到社会的发展与前进。

自然万物的循环演化、创生规律包括"子代"性状保持"亲代"性状的遗传规律和"子代"性状不同于"亲代"性状的变异规律。"遗传"规律保证了原物种的性状。"变异"规律化育了新的物种。我们人类就是由森林古猿进化而来的新物种。"遗传"和"变异"是自然万物循环演化规律的内函。变异还存在进化和退化。退化物种会因达尔文的"自然选择"规律、原理而自然淘汰、自然消失。进化物种也会因"自然选择"规律而繁荣昌盛。"遗传"和"变异"都是道的内含。老子提出的"道"的概念既包含着遗传规律，也包含着变异及变异中的进化与退化规律。所以老子的哲学思想——"循环论"并不排斥自然万物的发展和变化；并不排斥社会的进步和发展。提出"循环论色彩"者既有敢笑"黄巢不丈夫"的英雄气概之感，又有嘲笑"数理化也是科学吗"的痴人说梦之憾。

"反者道之动，弱者道之用"（第四十章）。许多学者认为反与正，阴与阳，弱与强，无与有的循环往复变化，是道的"运动、变化"所引起的。其实道是精神的，非物质的，不存在运动的概念。是自然万物在"动"。是自然万物在"道"的支配、掌控下所产生的"动"。对立统一的矛盾的相互转化是在道的支配、掌控下而实现的。

有人将"弱者道之用"理解为道的作用是柔弱之法、消极之法。本文认为不太妥当。用"自然而然的无意识的无为之法"来解释道的作用倒还合理些。弱与强、反与正，阴与阳……的循环往复，周而复始，相互转化是在道的支配掌控下进行的。在自然条件下自然万物的循环往复、周而复始的变化，是周期性的。不同的物种有不同的演化周期。一年生植物的周期为一年。创生宇宙也是循环演化的，也有周期。科学家们已经推算出其周期（寿命）为 $10^{32} \sim 10^{33}$ 年。有人认为自然万物的周期性变化是有条件的，不考虑条件是宿命论思想，是唯心主义思想。自然万物的周期性变化确实是"有条件"的，是"自然条件"，但不需要人们去"考虑"，去"创造"什么条件，人为考虑、创造也是枉然。妄为是无能为力的，不起作用的；妄为是不会成功的；妄为必然会招致失败。谁能改变创生宇宙的周期？

宇宙万物"循环往复，周而复始"的变化本来无所谓始与端。这个问题类似于"先有鸡，还是先有蛋"的问题一样。蛋是鸡生的蛋，无鸡焉有蛋，鸡是蛋孵的鸡，无蛋岂有鸡。

五、高尚的理想与信仰

"不尚贤，使民不争"（第三章）。自古以来哲学家们都解释为老子的不尚贤是想让民无知无欲，让人们回到一种无矛盾的无为境界。且认为这种理想是不可能实现的。这种理想与不断发展的人类社会相矛盾，是消极的，有碍社会发展。甚至是反动的。不尚贤还有贬低人才否定人才之意。

"不尚贤"。从字面上理解确有不崇尚贤能人才之意。古今智圣第一人不会一时糊涂到如此低智低能儿吧?！老子一贯主张、提倡"谦下无为"。根据老子的处世修为，应该将"不尚贤"理解为：知识识渊博的人不自视甚高、自吹自擂、自我吹嘘。能力超凡的人不自高自大、自鸣得意。成绩卓著的人不自得其乐、自我陶醉。成就辉煌的人不自我炫耀、自我标榜，为人们树立了一个最好的榜样。榜样的力量是无穷的，人们会争相效仿，能使人们既奋发图强，又淡泊明志（使民不争）。

"不争、无为"的理想社会。既是老子的人生向往和理想信仰，也是天下人们的人生向往和理想信仰。老子的理想社会代表了人们的心声，这种人生向往和理想信仰与"能否实现"没有多大关系，提出这个"能否实现"问题的本身就是无聊之举，奢谈其"不可能实现"更是无稽之谈。就像我们信仰马列主义思想，向往共产主义社会一样（老子的无私无欲、不争无为的理想社会犹如原始的共产主义社会）。题疑其"能否实现"是无聊之举，奢谈其"不可能实现"更是无稽之谈。谁敢说人们信仰、向往的人人平等、按需所取、高度和谐、共生共荣的共产主义社会是消极的，有碍社会进步和发展，甚至是反动的呢？纵观历史，社会的发展确实是"大乱中有大进"，朝代的更替确实是在"大乱"中进行的。难道社会的发展和进步只有且只能在尖锐的社会矛盾——大乱这唯一道路中才能实现、才能进行吗？人们向往"和谐共进"，也有可能就此而开辟出一条能推动社会发展的新道路。古代人们向往和信仰的理想社会——"不争、无为"的理想社会和现代人们信仰的共产主义社会一样。是人们心目中的（一种理想中的）社会模式。人的理想信仰与肯定与否定（是、否，好、坏）没有什么关系。何必将"理想社会"妄加上肯定与否定呢？

"使民复结绳而用之。甘其食，美其服，安其居，乐其俗。邻国相望，鸡犬之声相闻，民至老死，不相往来"（第八十章）。

精神与物质双赢双丰双满足，无物欲无权欲，无欲无为不争，物我两重天，天人合一，俨然一幅精心设计的人类社会的"宏伟蓝图"。

有人认为"这是一个不可能实现的唯心主义的美丽幻想"。"甘食、美服、适居、俗乐"在经济落后的社会是不存在的。"宏伟蓝图"是人们的精神寄托，是人们的精神向往，是人们的一种信仰。"甘之食、美之服、适之居、俗之乐"。为什么不存在呢？情由心生，人的情感——悲喜乐愁均由心而生，与经济条件无关。环肥、燕瘦各安其美，贫、富、贵、贱各安其乐。

六、"天地不仁"是永恒的真理

"天地不仁"（第五章）之"天"，是中国哲学史上最早出现的哲学名词。古人将"天"赋予人格人性、和宗教（神、仙）方面的含义。孔子的天命观认为："生死有命，富贵在天"。命里注定子时死，绝对不活到天明。命里注定八分米，走遍天下不满升。认为人的生死、富贵是由"天"所掌控。把"天"看作是世界的主宰。把"天"看作是有意志的万能之神（上帝）。墨子提出"天志""天意"，认为"天"能赏善罚恶。孟子认为"诚者天之道，思诚者人之道"。甚至现代人中还有不少信"天命"的信徒。"天理难容"成了信徒们的口头禅。

老子开天辟地第一人提出了"天地不仁"（唯物主义）的永恒真理。认为"天"（上帝）是由"道"产生的（道，象帝之先——四章），是由道掌控的。"天"没有意志，没有好恶，没有仁爱。对待自然万物一视同仁。天之道是一种支配掌控自然万物的无穷无尽的精神力量。

七、淡泊明志的"绝圣弃智"

"大道废，有仁义，智慧出，有大伪"（第十八章）。老子认为大伪的产生是由于统治者失德所致，是大道被废，智慧出而产生的必然结果。大伪指的是："聪明、智巧、巧诈"。以聪明、巧诈之法治国，便成了扰民的有为之政。于是老子提出了"绝圣弃智""绝学无忧"（第十九章）的利国利民的政治主张。绝的是统治者的"有为"之策，弃的是统治者的"巧诈"之法。

"绝圣弃智""绝学无忧"的政治主张，一语中的。修道至深至圣（绝圣），才能抛弃个人的有为之智巧、巧诈（弃智），才能对权欲、物欲无所冲动而淡泊明志，才能免去权欲、物欲的诱惑而无忧无患，才能道法自然，道行天下，顺民意，得民心，国泰民安，天下太平。

八、厚重、俭朴、清静、无为是道的根本

"重为轻根，静为躁君"。厚重、俭朴、清静、无为是老子悟出来的道的真谛，道的宗旨，道的根本。自然万物的创生与演化，人类社会的发展和繁荣都是在道的支配、掌控下进行的；是在自然规律（定律）——自然科学（道）的支配、掌控下完成的；是自然科学——"道"创造了"自然万物"和"人类社会的发展和社会的繁荣"。

许多人认为虽然老子揭示出了事物的存在是重、轻，静、躁……相互依存的，而不是孤立的。确实看到了矛盾的对立统一的普遍规律。然而老子的辩证法思想是不彻底的，"重为轻根，静为躁君"是本末倒置。任继愈先生说："动与静的矛盾，应当把"动"看作是绝对的，起决定作用的，是矛盾的主要方面。老子虽然也接触到动、静的关系，但他把矛盾的主要方面弄颠倒了，也就是把事物的性质弄颠倒了。因此，他把重、静看做起主要作用的方面。所以老子的辩证法思想是消极的，是不彻底的，有形而上学的因素。这种宇宙观与他所代表的没落阶级立场完全相适应"。重与轻，静与躁……矛盾的对立两方面的相互转化，是循环演化的。循环演化具有圆的性质无始无终，也无主无次。但是自然万物的循环演化都是在道的支配掌控下进行的，既然厚重纯朴，谦下无为是道的根本，所以道的宗旨。"重为轻根，静为躁君"并未叛道。陈鼓应先生说得不错："轻（浮）、躁（动）的作风就像断了线的风筝一样，立身行事，草

率盲动，一无效准"。国之统治者守厚重纯朴之德，施谦下无为之顺民利民之策，才能得到民众的赞誉和拥戴，才能使人民安居乐业、国泰民安、天下太平。统治者施厚重纯朴之德，施谦下无为之法，上行下效，民众也会厚重纯朴，民风纯朴，岂有萌发造反之心之理。若统治者以暴政治民，人们在民不聊生难以忍受的情况下才会揭竿而起群起反抗（躁动）。认为"动"为根本，鼓吹躁动，不管统治者好坏优劣一味反对、反抗。这岂不成了"天生反骨"的"反动派"啦。"重、轻、静、躁"都有两面性。厚重、清静运用于人类社会能使社会安定天下太平，也确实有点消极之意，有不利于社会发展和进步的因素。轻浮、躁动确实有促使朝代更替社会进步和发展的作用。但是将其定为根本，一味鼓吹躁动，天地躁动将天不成天地不成地了。人物（动、植物）躁动将人不成人物不成物了，天下大乱了。就像遗传和变异自然规律一样，遗传能保持物种的稳定性，变异能化育新的物种。遗传稳定是根本，变异的几率只有万分之一、十万分之一甚至更少。社会稳定是根本，社会动乱（躁）是短暂的。

　　马克思曾经说过：哲学家只不过从不同角度上解释世界（自然），更重要的是自然科学家"道"创造世界。创造世界比解释世界更重要，是根本。什么叫哲学？哲学是从不同角度解释自然科学（世界）。什么叫哲学家？哲学家是从不同角度解释自然科学（世界）的人。也可以说哲学家是对自然科学说三道四的人，说得不好听一点，哲学家是对自然科学胡说八道的人（指唯心主义哲学家）。当然哲学就是悟道，悟道高深能使人的行为少犯错，不犯错，不犯同样的错。道行高深可称之为圣人，就是哲学家。悟道走岔就是胡说八道啰！

　　自然万物在道的支配、掌控下的创生、演化与哲学家的"解释"无关紧要。无论哲学家们怎样说三道四、胡说八道。（老子的道）本末倒置也好，唯心、反动也好，无论哲学家们怎样神奇奥妙也好，威力无穷也好，万物主宰也好（道无欲），大自然和人类社会照样根据自身的、与生俱来的自然规律（道）向前发展，决不会因（某些）哲学家们的说三道四、称誉赞美而有所改变——道大、道冲、道常、道恒。

九、"化而欲作"是道的无意识的妄为——变异

　　"化而欲作，吾将镇之以无名之朴"（第三十七章）。自然万物在自生自长过程中可产生变异（欲作）物种。这是自然万物无意识的妄为。自然万物的循环演化是自然规律的普遍性，"化而欲作"是自然规律的特殊性。自然万物在演化发展中，如生物因演化而诞生与亲代具有相同性状的子代过程称为"遗传"，因演化而产生的与亲代性状不同的子代过程称"变异"（化而欲作）。变异有两种状况。演化产生了比亲代逊色的品种的过程称"退化"，因演化而产生了比亲代优秀的子代品种此过程称"进化"。遗传和变异（退化、进化）这些演化规律，都是道的内含。并非道有欲，并非道的有意识的作为。只是退化、进化较之演化几率不等。退化、进化几率非常小，许多学者认为：退化、进化现象说明道"有欲"需"镇之"。退化子代理

所当然需镇之、废除，进化子代优化品种理所当然需推而广之，进化子代岂可镇之、废除。

人是有思想、有智慧的物种，可了解、发掘道的真谛。依道的无为法则创造特殊环境，废弃退化子代，让进化子代蓬勃发展，受益于民众。这就是毛泽东所提倡、定论的"人定胜天"思想，这就是"与天斗，其乐无穷……"的辩证哲学。

人们废弃退化子代，推广发展进化子代，并非镇道叛道克制道之欲望，而是依道而行。道无欲，岂可说镇之其欲。以"道"制"道"的变异，以道制道的劣性变异，可使自然万物不会劣性退化。不仅不会劣性退化，而且可以蓬勃发展，兴旺发达（天下自定）。人不可改变宇宙万物发展方向，但可在渺小的时空区域内加速某些生物——植物、动物的蓬勃发展、兴旺发达。

东南西北一年四季具有固有的气候条件，在不同的气候条件下生长着适宜不同气候的植物品种和动物类群。不同的生态环境孕育着不同的动、植类群，这是人类不可改变的自然规律，这是人类不可改变的生态（自然）现象。自然界生长着的这些各种动植物给人类提供了丰富的食物来源，这是古人类赖以生存的宝贵资源。

随着人类人口的迅速发展。靠自然资源难以维持生计之时，古人们创造了"农耕"。刀耕火种的原始"农耕"维持不了满足生活所需时，人类逐渐发展了农耕工具，到现在基本实现了农耕工具机械化。原始品种不能满足人们的生活所需时，人们根据"化而欲作"而化育出的新物种，选育出优良品种。袁隆平选育出的杂交水稻产量超过了普遍水稻的20%，解决了随着人口膨胀而出现的粮食短缺问题，惠及全人类。近代根据老子的"化而欲作"孕育出来的新物种而选育出来的优良的动、植品种不计其数、不胜枚举。

优良的动植物品种选育种植养植解决了人类的温饱问题。但是东西南北人只能品尝当地盛产的动植物食品，生活单调，人们要想品尝东西南北各种食品，过去采纳长途运输的办法，用这个方法而获得的食品既影响新鲜又运输费用过高。现在东方人模拟西南北的气候条件、南方人模拟东西北的气候条件、西方人模拟东南北气候条件、北方人模拟东南西气候条件进行规模宏大的大棚生产——种植、养殖。使人们能方便地获得各地的特色产品，品尝到各地的美味佳肴。丰富了人们的生活。

这就是毛泽东的："与天斗其乐无穷，与地斗其乐无穷，与人斗其乐无穷""人定胜天"的内涵。

十、道之"动"法之"用"之辨

无反则无正，无阴则无阳，无弱则无强，无无则无有，无上则无下……他们相辅相成构成事物的对立统一整体。在道的支配、掌控下既对立统一又相互转化。这就叫"反者道之动"（第四十章）。"弱者道之用"，说的是道的作用是无为而奥妙的。并非柔弱而消极之法。

道不存在"动"的概念，是道支配、掌控万事万物的"如何"——运动、演化。道不动，是自然万物在"动"。"为何"

运动、演化是道的功能。"如何"是宇宙万物的运动、演化过程、状态及"现象"。"为何"是宇宙万物运动、演化的本质，是自然定律，是"道"。无论是弱者，还是强者，反者还是正者……都是在道的支配、掌控下相互转化，循环往复，还有几率较小的进化与退化统称为变异。变异是道的组成部分，变异并非叛道，也并非道有欲。宇宙万物的相互转化，证明万事万物是运动的——是遗传式运动。宇宙万物的进化与退化，证明宇宙万物是变化的——是变异式运动。没有变异宇宙万物就不会不断产生新的物质、新的物种。我们人类就是从"森林古猿"进化而来的。

"天下万物生于有，有生于无"。与第一章"无名天地之始，有名万物母"。含意差不多。"无""无名"并非什么也没有。"有生于无""无名天地之始"。并非"无中生有"。宇宙中有98%以上的物质是我们人类无法了解的，看不见、摸不着、测不出。别说几千年前，就是现代利用高科技手段也无法探测其（庐山真面目）。现代称这类物质为暗物质（如黑洞类物质），此类物质称"无""无名"。"有名"的天下万物就是由这些"无""无名"的物质创生出来的。"宇宙大爆炸说"认为：创生宇宙是由"黑洞奇点"的热大爆炸而诞生出来的。"黑洞奇点"的热大爆炸使构成黑洞的全部物质演变成"玄之又玄"（小之又小，妙之又妙）的弦粒子。弦粒子"看得见"了，"有名"了。宇宙万物都是弦粒子逐渐演化而成的，这就叫"天下万物生于有，有生于无"。"无名天地之始，有名万物母"。当代（20世纪80年代）科学家们正式提出："有生于无，无中生有"

应当把它当作物理学命题来研究。既然如此，不妨请科学家们重新读一读老子的《道德经》。精研道义，勤修道法，以至道法高深，道法齐天，在科学研究的道路上少走岔，莫走岔。霍金的《伟大设计》要读，老子的伟大设计——《道德经》也要读。更要潜心研读。

十一、大象无形的科学原理

"大方无隅，大器晚成，大音希声，大象无形"（第四十一章）正方形任其扩大，扩大到地球那么大时，扩大到宇宙那么大时，正方形就变成了无边无棱的圆。正方体任其扩大，扩大到地球那么大时，扩大到宇宙那么大时，正方体就变成了无边无棱的球（大方无隅）。因为地球是圆的，宇宙太空具有正曲率。某天体从某一时空点出发笔直向前，可回到原点。说明宇宙也是圆的。宇宙也具有圆和球的性质——无边无棱。

大件的器具总是放在最后完成。若大件器具大到无限大，哪怕是超凡之神仙也完不成。无限大的器件只有在无限晚的时候才能完成。大器件只能是圆球形。任何形状的物件大到无限时均呈现同样的圆球形——这就叫大象无形

人的耳朵是感觉声音的器官，但耳朵只能感觉音频频段的声音，低频、高频人们的耳朵均爱莫能及——听不见。于是"大道"像"大象无形"一样高深莫测而幽隐无名，虽然幽隐无名。却支配、掌控着自然万物井然有序地运行与演化。只有"道"才能使自然万物充满生机，蓬勃发展，往复循环，善始

善终。

十一、万物负阴抱阳冲气以为和

"一""有""有名""玄粒子""太极"与"弦粒子"都是
同一种物质粒子。

"道生一"与"有生于无"，有异曲同工之妙。"无"指
"看不见"的物质，"看不见"的物质"黑洞"在道的支配、掌
控下创生出"一"，创生出"看得见"（有、有名）的物质。在
这里"一"和"有"是等同的。现代科技证明：创生过程是
"黑洞奇点"的热大爆炸创生出"玄之又玄"的弦粒子。由弦
粒子逐渐、逐级演化成自然万物。老子的"一"和"有""玄
粒子"就是现代认定的弦粒子。老子的"道生一，一生二，二
生三，三生万物"（第四十二章）与《易经八卦》中所描绘的
"太极生两仪，两仪生四象，四象生八卦，八卦复生六十四卦，
三百八十四爻……"，和现代科技及描述同样具有异曲同工之
妙。老子的"一""有"与易经八卦中的"太极"（元气），好
像描述的都是同一种物质粒子，都是现代科技所发现的弦粒子。

"万物负阴而抱阳，冲气以为和"（第四十二章）。任何物
质粒子均具有阴、阳两个方面，还存在非阴非阳，非正（＋）
非负（－）的一面——中性的一面。老子的"一""有""玄"
与现代新科技所发现的弦粒子，在道的支配、掌控下逐渐演化
成具有阴、阳、中三种性质不同的物质粒子。如三种电子是：
带负电荷的电子，带正电荷的电子（反电子），不带电荷的中性

电子。三种质子是：带正电荷的质子，带负电荷的质子（反质子），不带电荷的质子——就是大家公认的中子。宇宙自然万物都是由这三种粒子演化而成的。如原子是由原子核（＋）和电子（－）构成。原子核（＋）又由带正电荷的质子和不带电荷的中子构成。电子绕原子核（＋）在一定空间范围内运动，构成了阴、阳对立统一的整体，此"整体"称之为原子。原子内带正电荷的原子核负阴（电子），带负电荷的电子抱阳（原子核），这就叫"负阴而抱阳"。宇宙中宏观万物均由原子、分子等结构组成，推而广之——"万物负阴而抱阳"。

阴阳粒子之间有一种性质：同性排斥，异性吸引。任何物质间都存在一种不同于电荷引力的吸引力，叫万有引力。其实任何物质之间还应该存在一种与万有引力对应的一种力——斥力，可称为万有斥力（万有引力是自然万物所携带的异性电荷相互吸引而产生的引力的集合。万有斥力是自然万物所携带的同性电荷相互排斥而产生的斥力的集合）。当引力和斥力相等时物质的运动处于平衡状态。原子中因电子和原子核的相互吸引而靠拢，因电子和原子核间的斥力而使电子和原子核不能无限靠拢。当吸引力与排斥力达到平衡时，电子和原子核就定格在一定空间内进行相对的、动态的、和谐的平衡运动，这就叫"冲气以为和"。（气指阴阳中三气，气指阴阳中三种物质的属性性质。冲气指阴阳中三种物质由于属性性质的不同而相互作用所产生的相对运动）。

十二、政家兵家难分家

战争是人类社会发展史上的一种不正常的现象，是贪得无厌的产物，是国家政治无法正轨而采取的下下策。"以奇用兵"（第五十七章）是老子为弱者，为正义之师而制定的"兵法"。战争本来就是一种诡秘、奇诈不正常的行为。要制止战争就必须以诡制诡，以秘制秘，以奇制奇，以诈制诈，方能以奇法、奇计、奇谋，出奇制胜。

正治国，奇用兵，无往而不胜。"奇用兵"是用兵之法，怎么能说不是治国之方。正治国是治国之策，怎么能说不是用兵之方。毛泽东以正治国之策，顺民心之法，"招"四万万五千万民众为"兵"——全民皆兵——"民兵"，他的正义之师，数千倍数万倍于蒋之数百万正规军，何愁不胜。毛泽东把"正治国，奇用兵"发挥得淋漓尽致，建立了前所未有的奇功。怎么能说毛泽东是政治家而不是兵家、军事家。怎么能说老子的"正治国，奇用兵"不是兵法（书）。兵家、政家难分家，哪个军事家不是政治家。

十三、"灭伎巧"并非鄙视工艺反对工商

"人多伎巧，奇物滋起"（第五十七章）。人的伎俩多，诡计多，欺诈行为多，邪风怪事就会此伏彼起，层出不穷，越闹越凶（事难平国难安）。庆父不死鲁难安，伎俩（巧）不灭国

难平。"人多伎巧，奇物滋起"。也可以理解为：人多能工巧匠多，奇人、奇事、奇迹（绩）也层出不穷。任何事物都具有两面性：好的一面和不好的一面（正、反两面）。就像自然万物演变中的进化与退化一样。都是在道的掌控下产生的正常现象。人们都喜欢好的一面，正的一面，即进化的一面。不喜欢不好的一面，反的一面，即退化的一方面，人们都希望灭"退化"、扬"进化"。

有人将"灭伎巧"理解为：反对工艺技巧，是鄙视工艺，甚至外延于反对工商。"灭伎巧"阻碍了社会发展，有碍科技进步，是消极落后的，而且是反动透顶的。其实老子的"人多伎巧，奇物滋起"中的"伎巧"指的是大家都不喜欢的不好的那一方面，反的一面，退化的一方面。和大家的喜好是一至的。说老子消极落后反动透顶，我们自己何尝不是如此，反对者（批评者）自己何尝不是如此。

十四、遗传和变异也是道的内含

自然万物是循环演化的和老子的事物矛盾是相互转化的具有异曲同工之妙。老子的观点是与现代科技成果相吻合的。有人认为：老子的"循环转化"观是错误的而且是严重的错误——只看到了"循环转化"看不到自然万物的"上升"和"进步"过程。自然万物的循环演化是按其演化"自然规律"进行的，此"自然规律"就是"道"。在演化过程中常出现几率较小的变异——"进化"与"退化"。"进化"与"退化"也是道，也是道的范畴，自然万物的循环演化并未排斥"进化"与"退化"。自然万物演化过程中的"上升"和"进步"是"自然规律"中的变异之一——"进化"。老子"强名"的"道"指的就是自然万物的"自然规律"，此自然规律包括了变异——进化与退化。所以变异也是自然万物演化规律。这不是老子的错误，而是你因缺乏应有的自然科学知识（循环演化中的遗传和变异、变异中的退化与进化）在理解道的过程中出现了重大误差。如果硬是说老子有错，那么你只看到了进化（进步）未看到退化岂不也是一种错误。何况遗传与变异规律是近代才发现的自然规律。与其说老子未发现遗传变异规律是一种错误，不如说老子还尚未穷极道真谛而已，又有谁能穷极道真谛呢?

十五、大小国之度

"太平盛世"是百姓的愿望，是人们向往的理想社会。"乱"也有两面性，就像自然万物演化中的变异。变异也有进化和退化之分。人们把变异产物分为好、坏两种，好的称进化，不好的称退化。像秦始皇吞并六国，百姓受苦、遭殃（战争殃及百姓），这是不好的一面。秦始皇立封建君主制，把奴隶社会推向了封建社会，这是社会的进步，这是推动社会前进的伟大壮举。所以，许多社会现象是不能用好、坏，正确与错误来机械地衡量。

"小国寡民。使有什伯之器而不用"（第八十章）。老子的大国与小国修好、和平共处之法，具有"分散割据"之意吗?

有大国太大需要分割之意吗？大国小国均具有相对意义都有个度。人文、地理、民俗、信仰……基本一致的国再大也不算太大。人文、地理、民俗、信仰……基本一致的国再小也不算太小。如果大国大到"九洲同"那就太大了。用同一种法律法规去管理"九洲"大众，能行吗？不乱才怪呢！说老子的治国之"良方"，友好临国之"妙招"是与历史发展的方向背道而驰，从何说起，其"良方""妙招"何错之有？

十六、请神佑政是无道之君

"治大国，若烹小鲜。以道莅天下，其鬼不神"（第六十章）。要治理好一个泱泱大国，就要像烹饪小鱼一样。不要翻动太多，翻动太多了小鱼就会碎不成形，就会碎乱成一锅粥。以"道法自然"清静无为的方法治理天下，就不需要利用宗教，利用鬼神来辅佐统治。世上本来就没有鬼神，鬼神当然不灵。与其依靠意想出来的鬼神，不如察民意，顺民心，依靠客观存在的人们。记得小学课本上有这样一课："天上没有玉皇，地上没有龙王，喝令三山五岳开道，我来了！"人们的气魄浑宏，力量无穷。得民心者得天下，失民心者失天下。请玉皇大帝来辅佐也没用，天下没有鬼神，虔诚神灵，当然无用。天下没有鬼神，不仅鬼神不神不灵，妖魔鬼怪也伤不了人。在无神论者面前，鬼神不神也不灵。信神信鬼的人，神鬼由心而生。妖魔鬼怪专伤信神信鬼的迷信人。遇事不顺时，总认为是神鬼（妖魔鬼怪）在作祟，造成不必要的精神压力、精神伤害，那是自寻烦恼，自作自受，怪不得他人。

"圣人"施"无为"之政策。政策无谋于神灵。人们心目中也就没有神灵了。"圣人"处"无为之事，行不言之教"。"民忘于治"似"鱼忘于水"。民感觉不到有谁在主宰他，更感觉不出有谁在伤害他。圣人顺民心，人们忠圣人。良性循环，共荣共赢。万物相辅不相伤，返朴归真，天下太平。

第三部分
人教大纲

第一章　宇宙创生

道可道，非常道。名可名，非常名。无名天地之始；有名万物之母。故常无欲以观其妙；常有欲以观其徼。此两者，同出而异名，同谓之玄。玄之又玄，众妙之门。

"道"是可以认知和领悟的，是可以用语言文字来表述的（道可道）。但是它并非一般的道，通常的道。"道"的概念与以前道的一切概念含义完全不同，它具有全新的内含（非常道）。

"名"是可以用语言文字来表述的。但是它并非一般的名，普通的名，它具有全新的内含。

"无名"的物质（始）创生出"有名"的物质。再由"有名"的物质创生出自然万物（天地）。因此，天地有始，始于"无名"。无名创生有名，有名创生自然万物，有名为自然万物之母。

　　所以我们要从"无名创生有名"的过程中领悟其中的奥妙。从"有名创生自然万物"的过程中去观察其中的端倪。"奥妙和端倪"就是自然万物运行、演化的自然规律（定律），就是道，就是道的内含。"无名"和"有名"二者名称各异而来源相同，组成也相同，都是由玄粒子构成（同谓之玄）。玄粒子是一种玄之又玄，小之又小的物质粒子。　"道"是"无名创生有名"，"有名创生自然万物"的奥妙变化的总门径（众妙之门）。"道"是支配、掌控自然万物奥妙变化的"主宰"者。

第二章　修身养性

天下皆知美之为美，斯恶已。皆知善之为善，斯不善已。有无相生，难易相成，长短相形，高下相盈，音声相和，前后相随。恒也。是以圣人处无为之事，行不言之教；万物作而弗始，生而弗有，为而弗恃，功成而不居。夫唯弗居，是以不去。

每个人都有自己的审美观。观其形而感到乐意，察其行而感到崇敬，美不胜收。美之所以美是由于有丑的存在。美是由丑衬托出来的。人若无审美观，丑美不分，就不是件好事（恶）。人人都有好、恶观。这是人伦社会发展的正常现象。好之所以好是因为有丑的存在。若好歹不分，相互卑视，甚至相互"蚕食"就不是人类发展的正常现象。所以有无相互演化，难易相辅相成，长短相互衬托，高低相互对应，他们既相互对立又相互转化。声音相互和谐，前后相互照应，他们构成了对立统一的整体。这种演化是亘古不变的，是永恒的真理。因此"圣人"用无为的心境观察宇宙万物，用客观的理念去窥探、研究、发现自然定律。言传身教，身教重于言教。着重以身教的方式教化人们，以启迪人类的智慧。

宇宙万物的创生与演化不是靠圣人决定的，也不是人类的功劳，是根据其自身的自然定律（规律）而进行的。人类只是揭示、发现了宇宙万物创生和演化的自然规律而已。发现自然规律并没有什么了不起，不管人类发现与否，宇宙万物照原样演化。宇宙万物的演化不是以人的意志而转移。因而人们有所施为（作）而不必妄加自己的意志、倾向。圣人揭示某项自然定律不可居功，也无所谓功。人类文明给人们带来物质利益的同时也给人们的精神带来了沉重压力。人类的一切活动——"改造自然"的行为或多或少都给大自然带来了"破坏"性。自居对万物发展有功者，其实无功可居。不仅无功可居而且还有过呢！只有不居功，别人才不会指责你的过；只有不居功就无所谓过；只有不居功，盖棺论它之时人们不会忘记你的功。相反，人们会把你的过忘得一干二净，你可垂名青史矣。

第三章　安民治民

不尚贤，使民不宇，不贵难得之货，使民不为盗；不见可欲，使民心不乱。是以圣人之治，虚其心，实其腹，弱其志，强其骨。常使民无知无欲。使夫智者不敢为也。为无为，则无不治。

不夸耀自己（个人）的功劳和能力，是人们的最好榜样。榜样的力量是无穷的，人们会争相效仿。能使人们淡泊名利不争功要赏，不贪图享受，使人们不偷不抢——不偷鸡模狗。教化人们弃邪念贪欲，守清心寡欲；弃恣意妄为，守清静无为。无欲则刚，能使人们正纲纪，去邪念，优民风。治理天下最优化的策略应该是排除人们心目中的杂念、邪念、恶念（虚其心）。改善人们的生活条件，提高生活水平，使人吃得饱、吃得好。教化人们志向不可太多太繁，志向不可朝令夕改，"又想南径贩马，又想北径贩牛"。认定一个志问走到底，必成大器（弱其志）。教化人们强身健体（强其骨）。使人们恬静无为，淡泊明志，不妄想（积奇聚富）获取，恣意妄为（无知无欲）。统治者就没有理由责难人们，也不会责难民众。"圣"无责难民众之意，民岂有造反之理。这就是统治者采纳的符合自然规律的（无为）顺民意、得民心最优化的治国治民之策。只有采取最优化的"无为"之策，才能达到民富国强，才能共创太平盛世。

第四章　物道同源

道冲，而用之或不盈。渊兮，似万物之宗；锉其兑，解其纷，和其光，同其尘。湛兮，似或存。吾不知谁之子，象帝之先。

道是空虚无形的。是非物质的，是精神的，是物质的精神，是物质的灵魂，是物质自身存在的演化规律，是自然万物演化时必须遵循的自然规律（冲），其运用范围（域）是无限的（不盈）。"道"无限渊博无限深远（渊兮）。"道"像万物的祖宗，掌控着自然万物的行为变化。"道"隐藏在自然万物之中。虽看不见摸不着但客观存在。我不知道这种神秘的自然规律（道）是何时何人创生的，好像是创生于创生宇宙（天帝）之前。其实是"玄之又玄"的"玄"物质——玄（弦）粒子在演化过程中通过信息转化而获得的。是玄（弦）粒子带来的，而道又是玄（弦）粒子与生俱来的。既然玄（弦）粒子位居于创生宇宙（天帝）之先，于是可以肯定：不是"天帝"创生宇宙万物的演化规律。而是"道"（演化规律）支配、掌控、创生了天帝（自然万物）（帝之先）。

第五章　无为虚用

天地不仁，以万物为刍狗；圣人不仁，以百姓为刍狗。天地之间，其犹橐钥乎。虚而不屈，动而愈出。多言数穷，不如守中。

宇宙万物的演化规律（天地、道）无所谓仁慈，也无所谓慈爱。它没有理性和情感，对待自然万物一视同仁。宇宙万物的行为变化受自身的演化规律（道）（定律）支配、掌控。

人有好、恶之情感。如果像宇宙万物（道）一样无理性和情感，圣人不仁，不爱民，对待百姓像祭品狗一样，得不到应有的尊重。天地之间岂不像风箱一样空虚而不枯竭，越鼓动风越多。哪里有压迫哪里就有反抗，压迫越重，反抗就越强。恶性循环，危矣！

圣人——统治者政令繁多，甚至税苛，会使人们感到"有压迫"，不得民心，行而不通。不如遵循"天道"、顺"人道"、知民意、顺民心、创盛世（无为之治）。

第六章　循环创生

谷神不死，是谓玄牝。玄牝之门，是谓天地根。帛系若存，用之不勤。

主宰创生宇宙万事万物的"道"（谷神）是永恒长存的。像玄妙的母亲，像母亲的生殖系统，源源不断地创生着宇宙万物。"道"是创生宇宙万物的基本规律、根本法则。这种创生演化的根本法则（道）是看不见、摸不着而客观存在，无穷无尽而永恒长存，支配着自然万物的循环演化而永不衰竭。

第七章 人低成王

　　天长地久。天地所以能长且久者，以其不自生，故能长生。是以圣人后其身而身先；外其身而身存。非以其无私邪。故能成其私。

　　宇宙万物——日月星辰能够较为长久地存在（天长地久）。（譬如地球年龄估算为 46 亿年）。是因为它没有自己的意念和情感，没有自己的主观意志。它的运动演化完全是顺其自然（遵循天道）。是自然万物自身平衡的集合。正因为自然万物的和谐平衡，故能长久生存。圣人总是把人们的利益放在第一位。所以人民也会把圣人的利益放在前面。圣人遇事能谦退无争——以无私而私，无争而争，无为而为。遇险先身士卒，置之度外。把人民的安危放在第一位，人民也会全力以赴、赴汤蹈火保护圣人的安全。无私、无贪、无争、无为才能成就自身。"地低成海，人低成王"。"圣人"则可成为人中之龙——成王、成皇、成帝。才能成为一代明君。

第八章　上善若水

上善若水。水善利万物而不争，处众人之所恶，故几于道。居善地，心善渊，与善仁，言善信，政善治，事善能，动善时。夫唯不争，故无尤。

最优良的品德修养就像水一样。水善于滋润万物而从不与万物（主要指生物）相争。水总处于人们都不太喜欢的低下的地方，所以说水性水德最接近于"道"。最善良、有修养（道德修养）的人，最善于选择居住的地方。优雅的环境才能孕育出修养优雅之人；最善良、有修养的人，心胸最善于保持清静、深沉，使人感觉"深不可测"；最善良、有修养的人待人真诚，与人为善，乐善好施。他们言必行行必果，说到做到言而有信。

为政者，善于治理国家才能取得辉煌政绩。为人者善于发挥个人所长，处事善于把握时机。具有像水一样德性的人是最善良最具道德修养的人。最善良最具道德修养的人为人处事所作所为都具有谦虚、不争、无私、无为之美德。所以能最大限度地减少过失、降低怨咎、避免罪过、灾祸。

第九章　功成身退

　　持而盈之，不如其已；揣而锐之，不可长保。金玉满堂，莫之能守；富贵而骄，自遗其咎。功成身退，天之道也。

　　凡人做事不可太过，而应适可而止。峰芒毕露，难免招至灾祸，难免长久平安。金玉满堂，守业艰难。真可谓创业难守业更难。因富贵而骄横拔扈，会给自己留下祸根（恶果）。因权贵而霸道会滋生罪过。居功自傲，恃才傲物，忘乎所以将导致身败名裂，如李斯如是也。富贵而不骄，知善意，行善举，乐善好施，会使自己更加富有。功成名就知进退（退让），这是天之道，人之道，这是保节之道，不朽之道，这是老子之道也。著名文学家欧阳修有诗定论："定册功成身退勇，辞荣辱，归来白首笙歌拥"。遇事行事尊天道，顺人道。人们都会赞扬你的人格，歌颂你的丰功伟绩的。

第十章　玄德无为

载营魄抱一，能无离乎。专气致柔，能如婴儿乎。涤除玄鉴，能如疵乎。爱国治民，能无为乎。天门开阖，能为雌乎。明白四达，能无知乎。生之畜之，生而不有，为而不恃，长而不宰，是谓玄德。

"道"无形无象，是非物质的，是精神的。"道"是物质的精神，是物质的灵魂。物质是道的载体，物质与道合二为一。物质与道能否分离呢？无物则无道，有物则有道。道是物质演化的自然规律。没有物质就无所谓演化，更无所谓演化规律。最小物质（玄之又玄，小之又小，妙之又妙）的物质粒子——"气"，结集（专气）之初像初生婴儿，处于致柔而温顺的无欲状态。婴儿的灵魂深处明澈如镜，深邃灵妙。更像一张白纸毫无瑕疵，不需清除。治理国家，教化民众，君主能否像婴儿那样明澈如镜、深邃灵妙、遵循天道无为的自然规律、自然法则呢？

启动你的感观（五官）——听的、闻的、说的、行的与心智（思的），触及外界的对立变化你能清静无为吗？伟大的母亲，具有创生功能。"道"像母亲一样具有创生功能。能像母亲一样，能像道一样具有无为的创生功能吗？是否能够遵天道、顺人道呢？明白事理，洞察天机（道），必须用于启迪人类的心智，服务于人们。能做到不利用自己的智慧愚弄人民、欺诈人们吗？为人君者优化民众的休养生息条件而不居功，不期望报恩。以知民意、顺民心的无为之策治民，领导民众和谐发展，不自作主张，领导民众而不主宰民众。正如毛泽东所说："让人民当家做主"。这就是玄（上）德之君，这就是明君。

第十一章　无以为用（无有相辅）

三十辐，共一毂，当其无，有车之用。埏埴以为器，当其无，有器之用。凿户牖以为室，当其无，有室之用。故有之以为利，无之以为用。

三十根木条插在木制圆圈中可作车轮之用。车的"空无"部分可载人、载货——包容万物之功能。车的"有"和车的"无"相辅相成，才能体现、发挥车的作用。揉和陶土烧制造成器皿（酒具、茶具或饭碗）。器皿中间有"空无"。器皿的"有"（器壁）和器皿的"无"相辅相成，才能体现发挥器皿的作用——盛酒、盛茶、盛米饭。人们建造房屋时，总是砌成四壁中空，且在四壁上开凿门窗。四壁的"有"和门窗中的"空无"相辅相成，才能体现、发挥房屋的作用——住居、载物、出入自由。有和无相辅相成形成对立统一的整体，才能体现、发挥各种客体、物件的作用和功能。

第十二章　俭朴至圣

　　五色令人目盲；五音令人耳聋；五味令人口爽；驰骋畋猎，令人心发狂；难得之货，令人行妨。是以圣人为腹不为目，故去彼取此。

　　五彩缤纷的色彩，能使人眼花缭乱。嘈杂而调高的声音，能使人震耳欲聋。靡靡之音能使人耳失灵、失聪。丰盛的大岁宴，能使人舌不知味。纵情狩猎，能使人性情放荡发狂。稀有而贵重的宝贝，可伤害人的心智，影响人的操行，使人的行为不轨。因此，但求温饱、简朴、宁静、实在的生活方式，而不追求声色、豪阔、奢华的生活方式，才是圣人之行径（行为）——生活方式。所以摒弃贪念物欲的诱惑，淡薄名利，知足常乐。实实在在的生活方式，才是健康长寿之道；才是"天地不争而长存"之道——天道；才是人不争而王之道——人道——圣人之道。

第十三章　修身治国

　　宠辱若惊，贵大患若身。何谓宠辱若惊。宠为下，得之若惊，失之若惊，是谓宠辱若惊。何谓贵大患若身。吾所以有大患者，为吾有身，及吾无身，吾有何患。故贵以身为天下，若可寄天下；爱以身为天下，若可托天下。

　　受到宠爱会使人感到惊喜，受到侮辱会使人感到惊恐。无论是受宠的惊喜，还是受辱的惊恐，都不是件好事、喜事。不但不是件好事、喜事，且为大患之事。重视大患就像珍视自己的生命身体一样。为什么得宠与受辱同为大患？因为得宠者虽荣而卑下，即使是一人之下的宰相也是"下"。得宠之惊喜，失宠之惊恐均可损伤人格尊严，宠辱荣患均可伤其身、曲其心。所以得宠与受辱都会感觉惊恐，均为大患。什么叫重视大患像珍贵自己的身体一样呢？我之所以有大患是因为我有珍贵自己的身体（生命），如果我没有珍贵自己（忘我）的身体（生命），何愁祸患来临？所以重视大患就是贵身贵心、身心双贵、身心双修。故忘我自身，珍贵天下子民之身心（毫不利己，专门利人），他就可以成为民众的依靠了。珍贵自己的身（生命）心（心智）是为了修身、齐家治天下，民众就可以将治理天下之重任托付于他。

第十四章　道玄道纪

　　视之不见，名曰夷；听之不闻，名曰希；搏之不得，名曰微此三者不可致诘，故混而为一。其上不皦，其下不昧。绳绳兮不可名，复归于物。是谓无状之状，无象之象，是谓惚恍。迎之不见其首，随之不见其后。执古之道，以御今之有。能知古始，是谓道纪。

　　"道"是视而不见，听而不闻，摸而不着的，无色、无声、无形、无状、无象的。无色、无声、无形此三者不可言喻、不可思议，茫茫然浑为一体。名称道。道之上既非光明亮堂，道之下又非阴暗无光。迷惘得难以形容，说其无，它掌控着自然万物的创生和演化。说其有，又不见其形，既无头无绪、无古无今又客观存在。更不可用一个名称来概括它。无色、无声、无色、无声的道，只能定义为恍惚。它不是物质世界的客观实体，它是精神的，是物质的精神，是物质的灵魂，是物质运动变化的自然规律。可以这样说："道"处于无状之状态，无物质（属精神）之形象。迎面观之看不见其头，跟随其后观之也看不见其尾。既然"道"是精神的，人们只能利用自己的精神（心智）去把握、研究（悟）、发掘无头无绪、无状无态、无形无象、无古无今而客观存在的"道"。这就叫修道。把握、发掘量广博者称道行高深。道行高深者就能认知、把握现实中客观存在的具体事物（宇宙万物）运动、演化规律，就能认知、把握宇宙的初始创生和预测未来宇宙演化的自然规律、运动状态。这就是"道"的变化规律（道纪），道（纪）的变化规律就是宇宙万物的变化规律。

第十五章　道德标准

古之善为道者，微妙玄通，深不可识。夫唯不可识，故强为之容：豫兮若冬涉川；犹兮若畏四邻；俨兮其若客；涣兮其若凌释；敦兮其若朴；旷兮其若谷；混兮其若浊。孰能浊以静之徐清，孰能安以动之徐生。保此道者，不欲盈。夫唯不盈，故能蔽而新成。

古时候善于修道的人，深奥玄妙，深不可测。一般人（普通人）很难理解，很难让人看穿其心。所以只能对他们勉强而大概描述。他们懂慎得像寒冬涉水过河，唯恐掉进深潭。警觉戒备得像预防或面临临国（敌国）的围攻，恭敬庄重得像要去赴宴作客；潇潇洒洒得像冰雪消融；敦厚得就像没有雕琢的素材玉石；心胸旷阔豁达得像幽深的山谷；浑厚纯朴得像不清的浊水。谁能使不清不静的浊水使之慢慢澄清、慢慢安静？只要平静下来它就会慢慢地澄清而平静。谁能使澄清而安静的局面震荡起来？重现生机（动荡）？只要推动一下，沉静的局面就会被打破而重现生机（动荡）。道行高深的修道之人不会自求自满。所以能够吐故纳新，不断进步，不断前进。

第十六章　各归其根

致虚极，守静笃。万物并作，吾以观复。夫物芸芸，复归其根，归根曰静，静曰复命。复命曰常，知常曰明。不知常，妄作凶。知常容，容乃公，公乃全，全乃天，天乃道，道乃久，没身不殆。

尽力使自己的心灵虚心、清静（宁静）达到极点。使生活清静，只有心灵虚静。即使生活在灯红酒绿的闹市也能固守自己的宁静生活（守静笃）。万物复苏，百鸟齐鸣的春天，我仍然能洞察万物枯荣往复的原理。芸芸众生，从种子萌发到植株的枝叶繁茂（盛），到开花结果，到种子的成熟（瓜熟蒂落子成仁），重新回到各自本根（种子）。由休眠沉睡的种子（曰静）到蓬勃发展的植株（曰动）再到成熟的种子，回归本根——种子（曰静）。由动归静，静态种子内孕育着新的生命。这种往复循环的过程，就是万物运动、变化（演化）的永恒规律（只是万物往复循环的周期不同而已）。认识了这个自然规律，就是明白的人、聪明的人。不按照自然规律办事，往往费力不讨好、劳而无功、无功而返，甚至会出乱子、遭灾凶。

认知了自然规律，按自然规律办事，就能够融会贯通，就能够得到大自然的包容而免遭灾凶。按大自然规律办事才能得到大自然的公正包容。大自然的公正包容，才能成就你的行为，获得你所需要的结果。成就的产生是因为你的行为符合大自然的规律（天），大自然的规律就是"天道"。你的行为严格遵守大自然的规律（道），才能避免遭遇大自然的报复，才能事事顺心、事事成功，终身不会遭受大自然的降灾。

第十七章 策优民淳

太上，不知有之；其次，亲而誉之；其次，畏之；其次，侮之。信不足焉，有不信焉。悠兮其贵言。功成事遂，百姓皆谓：「我自然」。

统治者治国策略的好坏、优劣，可分为四种等级。最好的、最理想的统治者（太上），应该是施"无为之治"、行"无言之教"。在国策施行过程中，人民群众只知道它的存在，而感觉不到国策对自己在生产、生活中有什么影响，更感觉不到有什么干扰制约（限制性）。因为我本来就是这么想的，本来就想这么做。我是根据我想怎么做而做的。民众总是感觉：我的所作所为并非"国策"影响了我，指导了我。而是我的主张、我的行为影响到、指导了"国策"。不是"我"服从了"国策"，而是"国策"服从了"我"。好像"国策"就是"我"决策的（不知有之）。

理想统治者的修为：自然、悠闲、慎言、说话少；不妄言、不妄行、不妄发号施令（悠兮其贵言）。使人们在"功成名就"之时（功成遂）自我感觉：这是我自己的主张成就了自己的愿望。使人们自我感觉"自我伟大"（百姓皆谓我自然）。

亚等统治者，以德治治国。施爱民亲民之策，行德教之举。

能为百姓的生产生活着想。百姓希望并请求为自己排忧解难，因百姓相信统治者能为自己排忧解难。否则百姓就不会存希望，不会有请求。还能积极以"德教"教化民众，以劝改民众的不良习气（如孔子的仁、义、礼、智、信）。这样的统治者能得到民众的信赖、亲近、拥戴。但是德非自然之道，非无为之道，非天之道，是人之道，是人定之道。人道逊于天道，天道永恒不变，天道是永恒的真理。而人道可变，可变得不顺民意、不顺民心。可变得与天道大相径庭。可随时代不同的人而变。例如封建社会的孔子提倡：君君臣臣，父父子子，君要臣死臣不得不死，父要子亡子不得不亡。君、臣，父、子之间人定了一条不可逾越的严格界线，而造成一两岁的小男孩也可称王、称帝的怪异现象。孙中山领导人民推翻了封建帝制。毛泽东领导人民建立了中华人民共和国。现代社会均提倡：人人平等。共和国第一部宪法明文规定；不满三十五岁的公民没有参加竞选国家主席的资格。一两岁的小孩当然免谈。自古以来的宗教徒（道、佛）均提倡：众生平等。听起来似乎有点可笑，但是我们不是也向往鸟语花香的优良环境吗。宗教能长存几千年不衰，必有其能够存活的理由、奥妙。

道德标准变得与天道大相径庭之时，社会就要出现危机，这就是德治与无为而治相比的不足之处。

三等统治者，施"法制"、行严刑。"法制"是人定的，不同时代不同人，所定法制不同，劣等法制，冠冕堂皇，残暴扰民，甚至镇压人民，使人民惧之畏之，人们无可奈何，只好悔之，恨之，辱之，以发泄心中的不满和愤恨。

　　四等统治者，统治者自尊为天子，称自己为"寡人"，表观谦下无为，其实是一意孤行，无法无纪。法就是我，我就是法。无视民众，视民众为草芥，甚至草菅人命。以这等治国之策治民，理所当然不可能得到人民的拥护，反而会遭到民众的轻蔑、辱骂、反抗。君压臣，臣压民，民不得不反，民为生活所迫而反。民反官压，恶性循环。民反权危，民反君倾。

第十八章　遵道薄俗

　　大道废，有仁义；智慧出，有大伪；六亲不和，有孝慈；国家昏乱，有忠臣。

　　一个非常合理的藏着仁义的社会制度。能使民风纯朴、淳厚。如果"法（道）不束君王，刑不上大夫"，如果君王失德不（遵）守道，大夫不（遵）道瞎胡闹。合理的社会制度形同虚设，等于废弃。上行下效，会直接影响纯朴、淳厚的民风，甚至破坏民风，造成民风不正。合理（大道）的社会制度被废弃，蕴藏在合理的社会制度内的"仁、义"就会显现出来。才有提倡仁义的需要，需要仁义来挽救因"大道废"而破坏了的纯朴、淳厚的民风，优化不良民风。

　　国君若用智慧（巧智、巧诈）立法制律治理百姓，百姓就会用智慧（巧智、巧诈）来逃避法律的束缚。虚伪狡诈也就会应运而生。人们智慧的提高，就会利用自己的高智慧作出不太正常的、不符合道德（人道）标准的，更不符合"天道"标准的虚伪之事，以成就自己的私欲、贪欲——骗财、骗色、骗名、骗利。

　　父母，兄弟，夫妇。六亲不和谐时，才能体现、明白什么叫孝，什么叫慈，才能知晓谁孝谁慈，才能显现出孝与慈在和谐家庭中所起的重要作用。只有提倡孝与慈才能使六亲不和、六亲不认的家庭重归和谐。一个国家的中央集团（领导集团）中的文武百官，总免不了要出现一些奸佞之人，人称奸臣，与之对应的是忠诚（臣）。奸臣当道就会造成朝纲混乱，朝纲混乱必引起国家混乱，国家混乱方能显现出忠与奸，忠于君主、忠于国家、忠于人民、力挽狂澜、扶大厦之将倾的是忠诚（臣）。不忠于国家、不忠于人民、出卖国家利益、残害忠良、甚至企图篡夺王位、帝位的是奸佞之臣。国家混乱显现谁奸谁忠。才能显现出忠臣对稳定国家政权的重要性。只有忠奸明辨，且为国除奸，才能创造出君臣、君民、臣民和谐的气氛。只有君民和谐共进，齐心协力，才能创建出一个繁荣富强的太平盛世。

第十九章　抱朴还淳

　　绝圣弃智，民利百倍；绝仁弃义，民复孝慈；绝巧弃利，盗贼无有。此三者以为文不足。故令有所属：见素抱朴，少思寡欲，绝学无忧。

　　道行高深，道法自然（天道），道法齐天（绝圣）的人。研究（悟道）大自然运动、演化规律（道法自然）达到了高深莫测程度（道法齐天）而不自满，不自居，不自吹自擂，不自作聪明，从不认为自己聪明绝顶（弃智）。施为以无为，自动排弃巧智、巧诈（弃智）。普通民众只要潜心悟道（研究）也能获得道的真谛。民众在生产、生活中也能掌握、运用自然规律性（道法自然以至道法齐天），在生产、生活中获得最高成就，功德圆满。使民众不至于逆天行道（办事），以至四处碰壁，八面受挫。就像金庸笔下的郭靖，心智普通甚至略逊于他人，在师傅们的悉心教化下潜心修炼，仍然获得了武学真谛。其齐天的武学修为成就了一代武学宗师（民利百倍）。

　　信和义是人定的道德标准。孝和慈是天下一切生物的属性，生来就有的客观存在（规律）。真正的仁慈者（绝仁），抛弃人定的仁、义、礼，天性的孝慈就显露出来，并发挥、体现其应有的作用。

真正的睿智者（绝巧），不会货利智昏。没有货利智昏，人们就不会巧取豪夺，更不会出现偷鸡摸狗的行为、现象（无物欲，偷贼无）。以为文字有限（不足）仅举三例（绝圣、绝仁、绝巧）。提倡圣智、仁、义的道德标准，这是人的感觉，人定的道德标准，是人主观认定的。利用圣智、仁、义、巧利，成就方法、途征教化民众，对和谐社会具有一定的良性影响，但是还远远不够。所以以人定的法规、法律治国、治民是不够的。以无为之策（道法自然）治国、治民，教化民众，才能使民众回归纯朴、淳厚的自然本性。去掉人为的、叛道的法规、法律，依道修行，道法自然。屏弃人性中的私欲、贪欲，绝弃令人烦脑的教条（知识），才能做到无忧无患不犯错。

第二十章　唯道异俗

唯之与阿，相去几何。美之与恶，相去若何。人之所畏，不可不畏。荒兮，其未央哉。众人熙熙，如享太牢，如春登台。我独泊兮，其未兆；沌沌兮，如婴儿之未孩；儽儽兮，若无所归。众人皆有余，而我独若遗。我愚人之心也哉。俗人昭昭，我独昏昏。俗人察察，我独闷闷。澹兮其若海，飂兮若无止。众人皆有以，而我独顽且鄙。我独异于人，而贵食母。

恭敬应答和请求（对方）和高声、严厉呵斥、责备（对方），是两种截断然不同的待人接物的人生修为，两种修为相差甚远。美好与丑恶是人生感悟事物现象（形）、思维行为（意）的两种截然不同的道德标准。不同的时代有不同的道德标准，不同的人有不同的道德规范。美、丑，善、恶之间没有严格的分界线。美、丑，善、恶之间的距离相差几何？是不可像计量路程那样来计程。是人总喜欢美好的形象、善意的心灵。是人总是讨厌丑恶的形象，畏惧丑恶的心灵、丑恶的行径。这是人的本性，是人类开始就有的。从远古的过去到遥远的未来都不会有所改变。要说有所改变，只是因道德观审美观的改变而有所差异。

众人都熙熙攘攘，兴高采烈，如同赴宴，如同登高眺望美丽的春色美景之时，我却独自淡泊、恬静，无动于衷、不屑一顾，混沌沌似初生婴儿，连喜笑声都不知怎么发出来，好像疲倦闲散，精疲力竭不知归宿何处。顺乎自然吧，无意与他们为伍，寻欢享乐。我愚啊！众人财帛富而有余，我却好像什么都不够也无所谓。我只想有一颗纯朴的心就满足啦！我笨啊！世人看重名利追求享受唯恐不及，因成就辉煌而自我炫耀之时，唯独我行事之后不知何为成就辉煌，不知炫耀何事何物。我鄙啊！接人待物世人都那么严厉、苛刻，唯独我淳厚、宽宏。我卑啊！域空啊！像辽远广阔的大海，速急啊！像不愿停留的疾风。朦胧啊，似漂泊大海的小舟不知停留何处。世人精明灵巧本领高强，唯独我在"道法"面前总是感觉愚钝而笨拙我愚啊！

　　我与世人的唯一差异（优异）之处是揭示、领悟了自然万物诞生（创生）与演化是自然万物本身所具有的（与生俱来的）自然规律定律（道）所支配、掌控的。人贵在守道、修道、不逆道，遵自然规律而为。

第二十一章　虚心问道

孔德之容，惟道是从。道之为物，惟恍惟惚。惚兮恍兮，其中有象；恍兮惚兮，其中有物。窈兮冥兮，其中有精；其精甚真，其中有信。自今及古，其名不去，以阅众甫。吾何以知众甫之状哉。以此。

"道"运用于人类表现为德，人们的上德标准也是道的内含，也可以说德是道衍生出来的，也可以这样说道是德的外延，是自然之道在人类的具体体现（孔德之容）。宇宙万物的运动、演化形式、状态，即自然万物是如何运动、演化的？自然万物"为何"有此运动，是因为有"道"（惟道是从）。是由其运动、演化规律（定律）所支配、掌控的。

"道"在自然万物运动中体现出"形与状"，"道"在人生活动中体现出"德与节"，无论是自然万物的"形与状"，还是人们的"德与节"，都是在道的作用下表现出来的。"道"到底是什么东西？道在创生自然万物过程中，述起来似乎迷迷糊糊不清楚，朦朦胧胧、无形无影不实在，恍恍惚惚、似有似无。既客观存在，又虚无缥缈。但是道确确实实客观存在，存在于客观实体之中。道无形却有象，是人们在头脑中聚焦而成之像（虚像）。此"象"好像世人头脑中的玉帝之"象"，像华厦子孙头脑的"龙"之象。道无形却有物，此物非客观实体。好像观音菩萨手中的法宝——"玉净瓶"，殷郊的法宝——"翻天印"，好像杨戬的法宝——斩仙剑，赤精子的法宝——阴阳镜，好像哪吒的法宝——九龙神火罩，俱留孙的法宝——捆仙绳。它既虚无缥缈，又神奇奥妙威力无穷用之不竭。恍恍惚惚创生出自然万物（恍兮惚兮，其中有物）。"道"无形无状而深不可测，神奇玄妙而客观存在。毋庸置疑它是创生自然万物之精灵（它并非某种微粒物质构成），它虚无缥缈而真实可信。亘古至今，不除不废。（最准确的描述应该是韩非子："道者万物之所以然也，万理之所以稽也，理者成物之文也。道者万物之所以成也"。）道是支配、掌控自然万物创生、运行、演化的自然规律（定律），它是能量信息的转化与传递。它通过能量信息的转化与传递支配掌控着自然万物的演化与创生。我坚守道的真谛，认知推演宇宙的起源创生，世人还能预测未来的宇宙如何演变。

第二十二章　委曲求全

曲则全，枉则直，洼则盈，敝则新，少则得，多则惑。是以圣人抱一为天下式。不自见，故明；不自是，故彰；不自伐，故有功；不自矜，故长。夫唯不争，故天下莫能与之争。古之所谓「曲则全」者，岂虚言哉。诚全而归之。

委曲求全，委曲是为了求全，委曲才能求全。直中无伸直的概念，有曲才有伸直的概念，屈枉才能伸直。有洼才有满、盈、益的概念，低洼（空虚）才能充盈。有陈旧才有崭新的概念，推陈才能出新，有缺少才有获得的概念。少取才能获（多）得（少取谓之不贪，不贪谓之满足，满足谓之"多得"）。贪多会使人迷惑，因为贪无止境（贪多谓之不满足，不满足谓之不知足，不知足谓之迷惑）。所以守道之人（圣人）抱守这一原则行事，为天下人、天下事树立了一个很好的榜样。

不自我炫耀，反而能够得到世人的肯定。不自以为是，反而能够得到世人的赞赏、表彰。不自吹自擂，世人均认为其功德圆满。不自我矜才使气，故能经久不衰。与世无争，世人均不会与其争。古时之委曲求全并非虚言，空言。是实实在在的至理名言。人们的"理想"一定能够实现。值得大家诚心诚意地去好好学习和实践。

第二十三章　天佑虚无

希言自然。故飘风不终朝，骤雨不终日。孰为此者。天地。天地尚不能久，而况于人乎。故从事于道者，同于道；德者，同于德；失者，同于失。同于道者，道亦乐得之；同于德者，德亦乐得之；同于失者，失亦乐得之。信不足焉，有不信焉。

合乎自然（道）的政令不会扰民。会得到民众拥护的（希言自然）。狂风不长久（不终朝），瀑雨必有期（不终日）。这是自然现象，自然规律。自然现象不长久，而何况人呢？按自然规律办事，事事自然天成（同于道）。按人道标准办事，事事有德（同于德），能获得人民的支持与拥护。不按人道标准办事，事事皆废（同于失），人民会群起而攻之。按自然规律办事，自然成就辉煌。按天道、人道标准修为，人则可得道升天，封神封仙。不按天道、人道标准修为，终被自然及人类所唾弃。人不守信，岂能被人所信。

第二十四章　徒劳苦思

　　企者不立，跨者不行；自见者不明；自是者不彰；自伐者无功；自矜者不长。自见其在道也，曰：余食赘形。物或恶之，故有道者不处。

　　踮起足根企图高人一等，势必站立不稳，不如他人。迈起大步急速前行企图超越众人，势必不能够持久远行，终究会被他人抛在老后。固执己见者势必引起是非不明。弃自见博众家之所见，是非立刻分明。自以为是者，势必造成是非不分，弃自是博众人之是，是非立分。自夸自擂，自我炫耀者功勋难就，不争之争功勋自成。自高自大者不会有太大长进。虚心才能进步，虚心才能长进。站在道的角度看"自见"、"自是"、"自伐"、"自矜"诸"心性"，就像饭后嘴角残留着几粒米饭、菜羹，就像人身上长有几个赘瘤，你喜欢他们吗？不！只要是人都会感到厌恶难忍。众人见之生厌，不屑为之。道行高深、道法自然、道法齐天者更不屑为之。

第二十五章　物道共存

有物混成，先天地生。寂兮寥兮，独立而不改，周行而不殆，可以为天地母，吾不知其名，字之日道。强为之名日大。大日逝，逝日远，

远日反，故道大、天大、地大、人亦大。域中有四大，而人居其一焉。人法地，地法天，天法道，道法自然

万物与道是混然一体的。有物必有道，有道必有物。无道必无物，无物必无道。物是道的载体，道是物的精神，道是物的灵魂。物和道共生共存，同时诞生的。道在创生宇宙形成以前就已经存在（先天地生）。宇宙创生前万物"不可见"，呈无名之状或玄之又玄（小之又小）妙之又妙之状，现在称"黑洞奇点"。不可见的无名之物也是物，有物就有道吗，固有"先天地生"之说。此"天地"应说的是创生宇宙，才符合客观事实。

创生宇宙之前，物质的存在形式是玄之又玄，妙之又妙，不可见（黑洞奇点），有形而无名（无名之状），似虚而客观存在，不需要外力自行演化而不停不息，循环演化而不衰不竭。直至黑洞奇点大爆炸产生了弦粒子，再由弦粒子演化成自然万物——直到创生宇宙的诞生。因此可毫无疑问地肯定地说："弦（玄）和道"是创生宇宙（天地）之母。我（（人们）不知它的

名字，所以勉强把它叫做"道"。其实"道"是物质的属性，是物质的精神、是物质的灵魂，不知其名时称其"道"也是允许的。再勉强推测其性质（属性）：多得不计其数，分布在无限广漠的太空。其运动周而复始永不停息（宇宙万物是循环演变的）。在奔向遥远的同时可返回到原来的地方，与现代科技成果十分吻合。现代科技认为物质在具有正曲率的太空向前奔驰可回到原点。所以说道大、天大、地大、人也大。人大指人是万物之灵。人能认知天、认知地，并非身躯能齐天齐地，故有天、地、人三才之说。宇宙之间的天、地、人加上道合称"四大"。"四大"当中人首当其冲，人守地之法则，地守天之运行规律、法则，天守道之定律。而道是自然万物先天固有的"与生俱来"的属性，是自然万物运动演化准绳。道是自然万物运动演化的自然法则，道支配掌控着自然万物的运动与演化。

第二十六章　人格修为

重为轻根，静为躁君。是以圣人终日行，不离辎重。虽有荣观、燕处，超然。奈何万乘之主，而以身轻天下？轻则失根（臣），躁则失君

厚重与轻俘，沉静（沉着冷静）与躁动，指的是人格修为。厚重与轻浮相比，厚重优于轻俘。沉静与躁动相比，沉静总能得到世人的赞美、钦佩。理想的仁君，日常行为中总是体现出待人厚道、稳重，待事沉着、冷静，待私欲、贪欲总能克制自己。美食面前不屑一顾，美景面前泰然处之。作为万乘之大国君主，怎能轻率躁动？轻率躁动会丧失自身道德修养，轻率躁动怎能安民，轻率躁动怎能治国、治民。

第二十七章　智巧妙用

　　善行无辙迹，善言无瑕谪，善计不用筹策，善闭无关键而不可开，善结无绳约而不可解。是以圣人常善救人，故无弃人；常善救物，故无弃物，是谓袭明。故善人者，不善人之师；不善人者，善人之资。不贵其师，不爱其资，虽智大迷。是谓要妙。

　　善于走路的人，可以做到无辙无跡、踏雪无痕。善于说话的人可以做到无可挑剔、天衣无缝。善于计算的人，可以做到不用辫手指、借算器（筹码）而心知肚明。善于设计开关的人可使他人无法打开（非钥匙莫开）。善于打结的人可使他人无法（解法）莫解。圣人用人人尽其才，圣人之下无无用之人，恰似"强将手下无弱兵"。圣人用物物尽其用，圣人面前无无用之物，恰似"道""佛"所提倡的"万物众生皆平等"。自然万物各有所能、各有所用、相得益彰，相辅相成，缺一可打破大自然的平衡。高明之人之高明之举，高明之人之道法自然，道法高深、道法齐天（是谓袭明）。

　　善人是不善人之师，不善人是善人的借鉴（反面教材，反面之师）。"尊师重教"自古以来代代提倡，家家户户都在厅堂中堂悬挂着"天地君亲师"牌匾，以示"尊师重教"不能忘。

正面之师是师，反面之师也是师。是师必尊，是教必重。故世人应该相互尊重。相互"师"，相互"教"，取他人之长，补自己之短，相互长进，岂不妙哉？妙啊！妙不可言。

第二十八章 返朴归真

知其雄，守其雌，为天下溪。为天下溪，常德不离。复归于婴儿。知其白，守其黑，为天下式。为天下式，常德不忒。复归于无极。知其荣，守其辱，为天下谷。为天下谷，常德乃足，复归于朴。朴散则为器，圣人用之则为官长，故大制不割。

深知雄伟、强大、刚健的好处、魅力，它是世人的追求，世人的希望（守其雄）。自己却要固守柔静、谦下的地位，甘心情愿作低下之溪涧。柔静、谦下如低下之溪涧，自然不会离经叛道，就会如同婴儿一样纯朴、纯真、不争——反朴归真。就能融于自然之中，合于自然之道。

深知光亮的益处，光亮可以光明大地，光明心境。自己却宁可置身于暗淡、宁静简陋之地。明知自己成就辉煌，却深知自己还存在许多缺点与不足，正视自己的缺点与不足比炫耀自己的成就更重要。守"天下谷"，法"天之道"才可作为天下人的楷模、天下人的榜样。举止行为可为天下人的楷模、榜样。深知自己还存在缺点与不足，举止行为才不会离经叛道（离失），才能做到无限接近无极的真理，才能道法自然，道法齐天。

深知成就荣耀是世人的向往，看到自己的成就，同时也深知自己存在的缺点和错误，谦下和顺不高高在上，恭敬世人，让世人感觉自我伟大，甘愿作天下川谷深涧。具备永恒、良好的德性才能充盈自己，充足自己。满遭损，满则溢，谦受益，才能回复到自然本初的素朴与纯真。素朴纯真的原初之物经精雕细琢而成为服务世人之器物。素朴纯真之人，道法自然，依道修行可成为服务世人之人，可成为百官之长。地低成海，人低成王。故道与王是相辅相成的。人遵道修行，道封（成就）人为王、为君。

第二十九章　无为无敌

　　将欲取天下而为之，吾见其不得已。天下神器，不可为也，不可执也。为者败之，执者失之。是以圣人无为，故无败；无执，故无失。夫物或行或随；或嘘或吹；或强或羸；或载或隳。是以圣人去甚，去奢，去泰。

　　平心而论，每一位统治者都希望自己所统治的天下长治久安，万古长存。都希望自己所统治的子民都能安居乐业，兴旺发达，安居乐业，兴旺发达也是百姓的期望和向往。为了把客观世界治理好，按自己的主张、意图，人为制定了一系列的政策、法令（为之），往往得不到预期的良好结果（不得已）。

　　宇宙万物有自己的运动、演化规律（神器——道），是不可以人的意志为转移的，是不可以人为"改造"的。若固执己见，强行改天换地，大自然就会遭到破坏——打破生态平衡。执行改造的人一定会遭到失败，甚至遭到大自然的无情报复。天下人们是神圣的（神器——人）。民意民心不可违，得民心者得天下，失民心者失天下。所以统治者（圣人）施无为之治而不会失败，不妄为则不会失去民心，固能长治久安。

　　自然万物都有自己的发展规律。世间诸人均有自己的秉性。有冲在前面的，有跟随人后的，有谦虚谨慎的，有清高自吹的，有刚劲不呵的，有刚柔并重的，有软弱无能的，有安居乐业的，也有险中求胜（火中取粟）的。以千篇一律的极端奢侈、过度的法律、政令治理天下——一一治天、治地、治人，并非明智之举，并非至圣办法，很难得到预期的效果。都提倡：法于自然，众生平等。依道（自然规律）修为，才能长治久安，万古长存。自宗教（道教、佛教）创立以来经久不衰，且越来越盛，必有其长存旺盛的道理，自有其长存旺盛的奥妙。所以圣人提倡去掉过分，除掉过高（奢侈），去掉过大（过度、极端）的欲望，只有这样才是明智之举。

第三十章 （天道循环）物极必反

以道佐人主者。不以兵强天下，其事好还，师之所处，荆棘生焉。大军之后，必有凶年。善者果而已，不敢以取强。果而勿矜，果而勿伐，果而勿骄，果而不得已，果而勿强。物壮则老，是谓不道，不道早已。

凡是以道治国的国君，都不会以兵强马壮称雄天下，都不会以兵强马壮称霸世界。凡是依道辅佐君主的臣，都不会佐以兵强马壮逞强于天下。

凡是以道治国的君主，依道辅佐君主的臣，都会依道服天下之事，以德服天下之民。凡是依道修行之人，均可成为天下之"圣"，天下之（人们封老子为太上老君）"仙"。

拥兵持重，穷兵黩武，兵乱天下，必然会得到报应。兵荒马乱，鏖战激烈而持久之时。山上长不出果木、良材而荆棘横生。地上长不出粮、棉、果、蔬而杂草丛生。土地荒芜，收成无几，民不聊生，饥寒交迫，民心涣散，逃荒讨饭，路有冻死骨。

善于用兵的人，只拥兵保盛世之太平，保民众之兴旺。万一敌人入侵，只以退敌为目的。退敌目的达到（果）后绝不因兵力强大而呈强好胜。绝不自高大自、自我矜持（矜）。绝不自我炫耀（伐）、自骄自傲（骄），绝不自以为是，却是不得已而为之。从不拥兵自重，逞能逞强，将其彻底"灭亡"。

事物过分强大必然逐渐走向衰"弱无力"朽，走向灭亡。是因为它不符合于道的永恒生存法则，不符合于道的物、事、人必然会很快走向灭亡。世人认为：不依"道"而行就会走向衰（弱无力））朽、灭亡，非也。这里所说的"不道"，并非其没有遵自然规律的"不道"，而是指出了凡事、凡物、凡人总是发展变化的，而且是兴衰、存亡循环的。物极必反，天道循环。这种变化规律也是"道"，也是"道"的内含，"道"的真谛。这是"不符合于道的永恒生存法则"的"不道"之道。

第三十一章　偃武共荣

夫佳兵［者］，不祥之器，物或恶之，故有道者不处。君子居则贵左，用兵则贵右。兵者，不祥之器，非君子之器，不得已而用之。恬淡为上。胜而不美，而美之者，是乐杀人。夫乐杀人者，则不可以得志于天下矣。吉事尚左，凶事尚右。偏将军居左，上将军居右，言以丧礼处之。杀人众多，以悲哀泣之。战胜，以丧礼处之。

兵之器（武器）是一种引起战乱的不祥的东西。人们厌恶它，见之心生畏惧，持之唯恐伤己伤人。所以得道之人都不愿拥有它，更不愿使用它。

兵器这个不祥之物，不是君子所喜欢的东西。万不得已之时（敌人来犯之时）心不甘情不愿勉强使用它，且淡然处之。四海之内皆兄弟，全球（人类）众生是一家。兄弟和睦，相互扶持——和平共处岂不美哉！

在战争胜负面前，最好的评判态度、对待办法是淡然处之。胜利了没有什么了不起，也不需要自鸣得意，居功自傲。如果自认为了不起、英雄了得、功不可没，那你就是一个喜欢杀人的人，就是一个嗜杀成性之徒，那就是一个嗜杀成性的魔鬼，那就不可能成为得民心、得天下的圣人。

君子平时居所以左边为贵，左—阳—生，左青龙——祥。而用兵打仗时反以右边为贵，右—阴—希，右白虎——威。

喜庆吉祥的物事以左边为上（贵）。凶丧的物事以右边为上（贵），这是我国古代的人定礼仪，沿用至今。军中偏将排位于左边，上将军排位于右边。古人把战争看作是一种丧事。把丧事礼仪运用于战争，说明古人也是厌恶战争的。只要有战事就会有死亡，就会有大量死亡。

胜利的一方，对待阵亡的兵士包括敌方的阵亡兵佣，都要以丧礼的仪式，哀痛的心情例行悼念，都要为死者厉行追悼，以寄托我们的哀思。

第三十二章　圣德惠民

道常无名，朴虽小，天下不敢臣。侯王若能守之，万物将自宾。天地相合，以降甘露，民莫之令而自均。始制有名。名亦既有，天亦将知之。知止，可以不殆。譬道之在天下，犹川谷之与江海。

"道"存在于自然万物之中。"道"是支配、掌控自然万物运动、演化的自然规律。"道"虽然虚而无形，空而无象玄而无名看不见，但客观存在。"道"虽然看不见摸不着，但是人们可以了解它、发现它、掌握它、被人们所运用。虽然我们可以了解它、发现它，但是我们不可任意改变它、驾驭它。相反道可以驾驭人、改变人。人只能依从、顺应、遵守它。王侯若能依从、顺应、遵守它，自然万物"道"将甘心情愿臣服于王侯。人依道而行、道法自然、、至道行高深、道法齐天、成就辉徨之时，就是圣人成王成侯之日。

天地的阴阳二气相互融合，气候交替变化甘露将适时适地不求而降。人们不必绞尽脑汁去研究怎样指使它，企图控制它。它来的自然而然，来的及时均衡，这是大自然的恩赐，并非世人的努力，也不需要世人去努力。

在万物复苏，蓬勃发展之时，为了利用大自然赋予人类的恩赐，为了让大自然造福人们，王侯们为了治理好国和民就有必要建立一种充分利用大自然的管理制度，任命各种各级管理人员官员，各种各级管理人员官员必需深入研究大自然发展规律，制定有利于大自然蓬勃发展的措施，充分而合理利用大自然给给予人类的宝贵财富，确保人类的子孙后代，子孙万代，世世代代都能享受到大自然的恩赐（别吃断根粮，莫吃断根药）。这样可避免各种危机和灾难。

现代人道行高深，道法齐天（科技发达）。如道法一年四季，道法春夏秋冬。我们可以让春天这个时空中存在"夏、秋、冬"，让夏天这个时空中存在"秋、冬、春"，让秋天这个时空中存在"冬、春、夏"，让冬天这个时空中存在"春、夏、秋"。让人们在任何一个季节里品尝到四季蔬菜、四季瓜果。现在的大棚生产东南西北中林立，木金火水土开花。还有望培育出"两重的稻谷，吨重的瓜"。更有甚者，人类正在筹划利用弱人择原理这个"道"，欲将火星成为人类的家。

道行天下就像百川入海。道行天下，势必万物（自然万物）入道，天下太平。

第三十三章　道德标准（道大道广）

知人者智，自知者明。胜人者有力，自胜者强。知足者富。强行者有志。不失其所者久。死而不亡者寿

善于了解别人认识别人的人，只能算是有智慧（智商高）。善于了解自己认识自己，有自知之明的人才算是真正的聪明，才算是难能可贵的聪明之人。能战胜别人的人是有力量的人。既能战胜别人又能战胜自己——克服克制自己的弱点与不足的人才能算是刚强之人，才能被称为圣人。

知足常乐的人才是富有的人。贪得无厌的人，贪得最多还不满足，岂能算"富有"。

为人办事坚持不懈只能叫踌躇满志。遵道守道，道法自然，不离经叛道才能经久不衰，才能兴旺发达，才能成就辉煌，才能成就其"志"。

为人守人道，为事法天道。不失离本分不离经叛道才能长久不衰。人不可能"长生不老"，人的精神可万古长存。肉身虽死，道法仍存，其"神"其"象"永垂不朽，万古长存。其神其像永远活在人们的心中。这才是真正的"长寿"。

第三十四章 谦下伟大

大道泛兮，其可左右。万物恃之而生，而不辞。功成而不有。衣养万物而不为主。常无欲，可名于小。万物归焉而不为主，可名为大。是以圣人终不为大，故能成其大。

"道"域是非常广阔的。存在于整个宇宙之中。融洽于宇宙万物之内。整个物质世界（不包括宇宙界外的虚时虚空的宇宙太空）无所不有无所不存。宇宙万物，都严格遵守道的主旨，严格依靠道的主旨进行运动，进行演化。宇宙万物只有依靠"道"的主旨才能生气勃勃，兴旺发达。人们修行求道，而道从不说三道四，委惜推辞。更从不期盼世人的誉赞辞谢。人们事业发达，功成名就之时，"道"从不沾沾自喜，傲世称雄，"俏也不争春"。"道"育万物而不自以为是万物之主，滋养众生而不主宰众生。道总是那么无欲无望的谦下渺小。宇宙万物均依道运动、演化。"道"主宰宇宙万物运动、演化而不自以为是主宰。总之"道"在宇宙万物运动、演化过程中功勋卓巨，功不可没而从不居功自傲。正因为圣人不自以为伟大，道就成就了自己的伟大。

第三十五章　大象无敌

执大象，天下往。往而不害，安平太。乐与饵，过客止。道之出口，淡乎其无味。视之不足见，听之不足闻，用之不可既。

谁掌握了大道之"象"（自然规律、道之真谛、永恒真理），天下人无不向往。谁运用了大道之"象"，谁就能实现理想，成就辉煌。谁成就辉煌，谁就可作为世人学习的榜样。天下人均可不妨不害、互惠互利、蒸蒸日上。天下人就可宁静、安泰、和平共处、太平盛世、共荣共享。

人间仙境可让人流连忘返，天籁之音可让人日夜消魂，佳酿杜康可让人唾涎欲滴，而传经布道，平淡而无味。大道之"象"看之不见、听而不闻，只能悟之，悟之才感其乐无穷。用之才知其深刻奥妙，才知其为放之四海而皆准的真理。行之才可成就辉煌、成就伟业。

第三十六章　微明则胜

将欲歙之，必故张之；将欲弱之，必故强之；将欲废之，必故兴之；将欲夺之，必故与之，是谓微明。柔弱胜刚强。鱼不可脱于渊。国之利器，不可以示人。

自然万物之中的合与张，弱与强，废与兴，取与舍都是对立统一的演化现象、演化规律。物极必反，返朴归真。这是万物演化的一种既普遍又深不可测，既深奥玄妙又透彻鲜明的自然法则——这就叫微明。

人们在客观实践中，对待某种物、事、人。要想收敛、利用它，必须首先强壮、扩张、张扬它。要想削弱它，必须首先设法使之强大。要想废除它，必须首先重视它、抬举它。要想夺取它，必须首先给予它，满足它。如人们需要提高生活质量想吃些荤腥菜，就必须将动物以廉价的精饲料将其饲养得又肥又壮。其他物事和人都是同一个道理——物极必反，返朴归真。

内敛、柔弱、谦下、宁静往往富有韧性，生命力旺盛，像空杯盛水发展前途大。内敛胜张扬，柔弱胜刚强，谦下胜自大，沉静胜躁慌。守住"内敛、柔弱、谦下、宁静"可永恒长存。

鱼儿离不开水，离水则死。王儿离不开民，离民则亡。鱼依水性而长生，王顺民心而长存。苛政、强权、严法、酷刑是国家的凶器，千万不可妄施于民，否则王者会失信于民，犹如"鱼离水则死"一样，王离民则倾。

第三十七章 无为政定

道常无为，而无不为。侯王若能守［之］，万物将自化。化而欲作，吾将镇之以无名之朴。无名之朴，夫将不欲，不欲以静，天下将自定。

道永远是顺其自然而无所作为的。因为道没有思想没有欲望不懂得变通改革，却又没有什么事不是他的所作所为。

王侯将相如果能按照道的原则为政治国安民，万事就会以道的法则自我化（演化）育（发展），顺乎自然而得以充分发展。

自然万物在自生自长过程中可产生变异（欲作）物种。自然万物"妄为"（变异）时，我（指道）就要用"道"（道的法则）来"镇服"（镇）变异物种，使变异物种回归道的真朴。淘汰劣性（退化）变异物种，稳定优良（进化）变异物种，使变异物种稳定（夫将不欲）下来。新的自然万物在新的状态下达到新的平衡（不欲以静），新的自然万物在新的平衡状态下平衡发展（天下将自定）。

第三十八章　论德修德

上德不德，是以有德；下德不失德，是以无德。上德无为，而无以为；下德为之，而有以为。上仁为之，而无以为；上义为之，而有以为。上礼为之，而莫之应，则攘臂而扔之。故失道而后德，失德而后仁，失仁而后义，失义而后礼。夫礼者，忠信之薄，而乱之首。前识者，道之华。而愚之始。是以大丈夫处其厚，不居其薄；处其实，不居其华，故去彼取此。

自然界万事万物之道为"天道"，人之道可称为"人道"。人之道又可称为"德"。道运用于世人可称之为"德"。人的行为符合道的标准可称之为"有德"。人的行为不符合道的标准称之为"失德"，失德就是叛道。道包含着德，道是德的外延，德是道的内含。德又可分为上德和下德。上德是彻底的（人）道——无为而无以为。下德为不彻底的（人）道——无为而有以为，无为而无不为（含有有所求，目的不纯之意）。

人的修为可分两种类型"无为"和"有为"。修道至"无为"称道行高深，道法齐天（道）。人们都认为道法齐天之时就是修炼成"仙"了。

人道的五个层次是指：道、德（上、下）、仁、义、礼。修行至深，深至上德的人表现为内在有德，而不表现为外在有德，不自以为有德。修行至上德的人并不希望"有所求，有所得"，已达无为之境界。因此实际上有德，且为上德，此为无为之为，无欲之欲，无私之私，无争之争，无得之得。"毫不利己"（毛泽东）之利己。心出无为、无所不为。客观上必有所为。

追求形式上的德。表现为外在"有德"，内心希望"有所求，有所得"，实际上是"无德"。此为无为之有以为，有为之为，有心之作为。有意无为，必无所作为。刻意追求"有所得"客观上必定"一无所得"。

"上仁"之人所作所为心出无意之无心作为。"上义"之人所作所为心出有意之有心作为。"上礼"之人所作所为心出有意，得不到回报便会挥臂强引而效仿之。所以失去了"道"后便是"德"，就像弃壳见米一样。悟不出"道"（修道不成），不能以"道"教化人们，就得"以德服人"，利用"德"来教化人们。失去了"德"后便可见"仁"。修"德"不成便可以"仁"来教化人们，规范人们。失去了"仁"便可见"义"，失去了"义"便是"礼"。这是最低层次的教化人们的方法。封建社会以孔子的仁、义、礼、智、信教化人们。是因为无"法"（道）可治，无可奈何，只好退而求其次。礼是忠信不足的产物，是祸乱的开端。

自以为是、自作聪明的人，实质上是一个愚昧无知的人，至少可以说是愚昧的开端。

大丈夫安身立命于敦厚，坚守质朴的自然之道。舍去繁文缛节、虚浮礼义。废弃虚伪狡诈，不居虚华浅薄，存心朴实厚道。此为上德。

第三十九章　守朴法本

　　昔之得一者，天得一以清；地得一以宁；神得一以灵；谷得一以生；万物得一以生，侯得一以为天下正。其致之也，谓天无以清，将恐裂；地无以宁，将恐废；神无以灵，将恐歇；谷无以盈，将恐竭；万物无以生，将恐灭；侯王无以正，将恐蹶。故贵以贱为本，高以下为基。是以侯王自称孤、寡、不谷。此非以贱为本邪。非乎。故致誉无誉。是故不欲琭琭如玉，珞珞如石。

　　"道法自然"。宇宙中的万事万物都是依道而生，道生万物呀。道育万物优如"盘古开天辟地"。宇宙万物（天体）按自然规律井然有序地进行、演化（清），才能星星相顾亘古长存。地上的众生按自然规律井然有序地运行、演化，才能生气勃勃发展、进化。人（神）按自然规律行事，办事才能事事顺利，事事成功，才能显得机智、灵巧、聪明，才能超越自我，超越凡人，成就"至善至圣"。山川河谷按自然规律井然有序的运行，即能获得世人的保护赞美，又能够造福万民（盈）。

　　自然万物按自然规律井然有序的演化，才能生气勃勃气象万千。人（侯王）按自然规律律己、律人，可成为世人的首领（正）。逆向推理：若天（天体）运行、演化无序无规（人为破坏），则天不成天，天将不倾则崩。人为破坏地的安宁，则地不成地，地不灵地，地将失去地的功能，不能养育芸芸众生。人弃道失德，则人不成人，似魔鬼降临。山川河谷缺水，江不成江，河不成河。水是生命的源泉，缺水芸芸众生将无法生存，无水将绝灭众生。侯王失道缺德，侯不成侯，王不成王，王权将失，大厦将倾，事出必然。

所以贵以贱为本，高以下为根。古代侯王自称"孤、寡、不谷"，以表示自己"以贱为本，以下为根"的高风亮节。可不是吗？

即使你功勋卓巨也不需期盼赞美，更不要争名夺誉。争名夺誉，反而会得不到名，得不到誉。不要像宝石那样璀灿夺目——炫耀，要像石头那样暗淡无光——不张扬，才不会让人嫉妒、诽谤。

第四十章　道之动用

反者道之动；弱者道之用。天下万物生于有，有生于无。

　　自然万物循环往复的运动演化，是在道的支配掌控下而产生的。道的作用是无为而奥妙的（弱）。自然（天下）万物产生于有名的看得见的玄粒子，有名的玄粒子又产生于无名的看不见的暗物质（黑洞）。

第四十一章　小异大同

上士闻道，勤而行之；中士闻道，若存若亡；下士闻道，大笑之。不笑不足以为道。故建言有之：明道若昧；进道若退；夷道若纇；上德若谷；广德若不足；建德若偷；质真若渝；大白若辱；大方无隅；大器晚成；大音希声；大象无形；道隐无名。夫唯道，善贷且成。

人的行为由人的精神所支配。智慧高的人（上士），悟性也很高，能悟出道的真谛，道的真谛就成了"上士"的精神支柱，"上士"就会以自己的精神支柱支配自己的行为。

"中士"悟性差，不能完全悟出道的真谛。精神上似懂非懂，似信非完全信，道行不深，道法浅薄。行动上有时依道而作，有时叛道而行（若存若亡）。

下士无悟性，尽管绞尽脑汁悟道，但往往事与愿违，根本悟不出道的真谛。无可奈何之下只好一笑了之。下士大笑说明"大道"极其深奥。大道是智者（上士）的法宝，是中士的装饰品，是下士的奢侈品，想得到而望尘莫及。

很久以前有人立言：修行高深者，总感觉自己愚昧无知。修道的人，总感觉自己进步甚微，甚至感觉有退步的迹象。平淡宁静的生活，总是感觉像道路那样曲折、坎坷、崎岖不平。

德性崇高的人，总觉得虚怀若谷。德性广博的人，总觉得浅薄不足。德性刚建的人，总觉得怠情惰意未除。德性质朴纯真的人，总觉得混浊（杂念、私欲、贪欲）如影随形难弃难除。德性坦荡晔白的人，总觉得污色、污垢难得除尽（肃清）。

最大方正的东西，反而没有棱角。大件的器具总是放在最后完成。声音太大，反而使人觉得无声无息（大音希声）。最大的形象，反而使人觉得无形无状。于是"大道"高深莫测而幽隐无名。虽然幽隐无名，却支配、掌控着自然万物井然有序地运行与演化。只有"道"才能使自然万物充满生机，蓬勃发展，往复循环，善始善终。

第四十二章　道化万物

　　道生一，一生二，二生三，三生万物。万物负阴而抱阳，冲气以为和。人之所恶，唯孤、寡、不谷，而王公以为称。故物或损之而益，或益之而损。人之所教，我亦教之。强梁者不得其死，吾将以为教父。

　　无名之物在道的掌控下产生了一种最细微的物质粒子——玄粒子（道生一）。这种最细微的物质粒子——玄粒子在道的作用下产生了一阴一阳性质相反的两种物质粒子。由此两种物质粒子在道的作用下（阴、阳二气中和）又可产生第三类非阴非阳的中性物质粒子。由阴、阳、中（三气）三种性质不同的物质粒子演化而成自然万物。自然万物负阴而抱阳。阴阳中三气冲和，和谐胶融，形成一个和谐平衡对立统一的整体。这就是自然万物之状之象。

　　"孤、寡、仆（不谷）"是世人不太愿意接受的人生处世状况，甚至厌恶这种生活处境。贵族、王侯及至皇帝却常以这些字来称呼自己，寡人、寡人的叫个不停，以表示自己不自高自大，时时不显贵，处处示谦下，以便与普通民众和谐共处、共生共荣。现在各国都提倡人人平等。我国政府官员称公务员，各级公务员包括领导人都称为人民的公朴。此为智者之举。

　　自然万物的发展过程中，强、弱，盛、衰，舍、得总是往复循环的。物极必反。如果企图减损它，它反而会得到增加。如果企图得到很多，反而会舍去不少。别人这样教导我，我也这样去教导别人。凶残强暴的人，不按自然规律处事，会死，死得早，死得惨，死不（无）其所，死得轻如鸿毛。我把这些道理当作施教的宗旨。

第四十三章　至柔遍用

天下之至柔，驰骋天下之至坚。无有入无间，吾是以知无为之有益。不言之教，无为之益，天下希及之。

天下最柔弱的东西，能够像战马一样在无边无际的广阔草原驰骋狂奔。能够像最柔弱的水一样穿山入石，克制最坚硬的东西。人们常说"您有金刚钻，我有绕指柔"。滴水能穿石，柔弱胜刚强。确实是至理名言啊！

最柔弱的东西蕴藏着无形而不可抗拒的无穷力量，能够穿透没有空隙的东西，能够推毁最坚硬的东西。明白了这一点，算是悟出了道的真谛——无为的力量。在言传、身教，无为、有为教育方法中，身教胜于言教，无为胜于有为。天下很少有人悟知其中的奥妙。

第四十四章　立本戒贪

名与身孰亲。身与货孰多。得与亡孰病。甚爱必大费；多藏必厚亡。故知足不辱，知止不殆，可以长久。

名利与自己的生命相比那一个更重要呢？生命与财富相比那一个更重要呢？得到与丢失那一个更有害呢？名、利，荣、辱，得、失，祸、福，生、死孰轻孰重、孰亲孰疏，武断下结论并非明智之举。塞翁失马焉知祸福，祸兮福之所倚，福兮锅之所伏。

过分的追求——争名夺利必定消精费神、消才耗能。过份搜刮民脂民膏，敛财聚富，必适得其反——丢失不少以至穷困潦倒。

名利乃身外之物。知足可长乐，知足就是福。知足可避难，知足可勉祸。知足勉受气，知足勉受辱。适可而止避灾祸，适可而止勉倾覆。知足可长治，知足可久安。

有舍必有得，要得必先舍。慷慨仗义舍，何愁囊中空。贪生怕死者死，死无其所。舍生忘死者将永远活在人们心中。活要活得有尊严，死要死得其所，重于泰山。

第四十五章　自明洪德

大成若缺，其用不弊。大盈若冲，其用不穷。大直若屈，大巧若拙，大辩若讷。静胜躁，寒胜热。清静为天下正。

悟道至深叫作道行高深。道行高深的人以其高深的道行掌控自己的实践活动，其事业能够顺利成功，且成就辉煌（大成）。道行高深的人在辉煌成就面前总是感觉美中不足（缺）、成就甚微、智慧不够用，其事业必将兴旺发达，永远不会衰竭。

成功的时候不居功，成就面前不自满，名誉面前不骄傲（若冲）。（"谦虚使人进步，骄傲使人落后"）具有这种高尚品格的人，才能具有无穷的潜动力（其用不穷），其事业将永久发达。才不至于停滞不前，甚至倒退。

最正直的人，能自我寻找存在的"曲"。最聪明伶俐的人，能自掘自己的笨拙、拙劣的行径所在。最卓越的辩才，是善于发掘、纠正自己言辩表达不准的人。沉静、宁静、清静能克制自己急躁情绪。沉着、冷静能克制自己的狂热举动。保持清静、清醒的头脑才是正确的处世之道。清静无为才能称侯、称王，统治天下。

第四十六章 俭欲则富

天下有道，却走马以粪。天下无道，戎马生于郊。罪莫大于不知足，咎莫大于欲得。故知足之足，常足矣。

天下人都悟出了道的真谛。天下人都依道从事。天下人就不会存在你争我夺、相互鱼肉的战争。马就不叫战马，马就成为了人们用来耕地、种地的工具。天下太平，国泰民安、繁荣富强、繁荣昌盛。人们安居乐业、其乐融融、其乐无穷。

天下人悟不出道的真谛。人们在生产生活中就无道可依。就会出现尔虞我诈、你争我夺、相互鱼肉的战乱。连母马也不例外，母马的产房只好设立在战场。

大祸莫过于不知足。因为是不知足所酿成的大祸。罪莫过于贪得无厌。因为是贪得无厌所酿成的滔天大罪。所以不知足是遭大祸、犯大罪的根源。知足者得之有度，有度则知足。知足者则可满足。满足者才是永远的富有者。

第四十七章　道高鉴远

不出户，知天下；不窥牖，见天道。其出弥远，其知弥少。是以圣人不行而知，不见而明，不为而成。

"道"无所不在，无不所存。悟"道"是靠自己聪明的智慧、宁静的心境，聚精会神、细致观察自然万物的运行、演化，从而挖（发）掘其规律（定律），总结其定理、推演其数理关系（公式）。道行天下，就是以道来支配、掌控自然万物（包括人类）。使自然万物能井然有序的运行、演化。让世人能和谐相处、共生共荣。

悟通道高深者，可足不出户，能依道推知天下之事及事态的发展状况。不望窗外，能依道推知日月星辰怎样存在、怎样运行。还可依道推理预知将来的日月星辰怎样演化，怎样运行。例如牛顿发现了万有引力定律，悟出了万有引力定律的普遍性。由定律推演出定理，推演出了自然万物日月星辰之间存在的数理关系。利用日月星辰之间存在的数理关系，足不出户，通过严密细致的演算、预测，非常肯定地指出在太阳系中的某一相对位置、相对时空点上还应该存在一颗质量如何，轨迹怎样的星球体。牛顿死后119年的1846年果然发现了一颗新星——海王星。位置如何，质量多少，轨迹怎样与牛顿的预测一点不错，完全吻合。世人公认牛顿者，圣人也，牛顿者，道行高深、道法齐天者也。牛顿是怎样看待自己的呢？"我不知道在别人眼中我是什么样的人，但在我自己看来，我不过就像是在海滨玩耍的小孩，为不时发现比寻常光滑的一块卵石，或比寻常更为美丽的一片贝壳而沾沾自喜，对展现在我面前的真理的海洋却全然没有发现，真可谓大成若缺者也。"

观而不悟，行得越远，观得越多，得道不会太多，悟道不会太深，甚至出现相反的结果（背道叛道）。所以道行高深者（圣人），不出门可推知事态发展。不窥见而能推知日月星辰的运行状况、演化历程。只要潜心修道，不妄为，就能有所作为，就能大有作为。就能有所成就，就能成就辉煌。就能道法齐天，就能修成正果，就能修炼成"仙"。

第四十八章 忘知无为

为学日益，为道日损。损之又损，以至于无为。无为而无不为。取天下常以无事，及其有事，不足以取天下。

"为学"是学习自然万物外在的经验性知识，勤学苦练，经验性外在知识会日益增多，日积月累知识丰富。老子所在的封建社会，学的是什么？学习的是政教礼乐——仁、义、礼、智、信。这些人为的经验性知识的渊博，却抑制了人们的悟性。

"为道"是透过事物表观现象感悟本质，感悟自然万物运行、演化规律，日益渐进，返朴归真，发掘道的真谛，推而广之、四海皆准。

求学的人，其情、欲、贪、憎、痴会日溢增加

求道的人，其情、欲、贪、憎、痴则逐渐减少，直达到无为的境界。如果能做到无为而不妄为，任何人任何事均可以有所作为，大有作为。天下就会长治久安，太平无事。治理国家的统治者，以不扰民、顺民心的无为之策为治国安民之本，则会国泰民安，才能开辟太平盛世。如果以繁苛、扰民之策强施于民，则统治者不配为一国之君了。

第四十九章 平心任德

圣人常无心，以百姓心为心。善者，吾善之；不善者，吾亦善之；德善。信者，吾信之；不信者，吾亦信之；德信。圣人在天下，歙歙焉，为天下浑其心，百姓皆注其耳目，圣人皆孩之。

没有私心，没有成见是人们心目中最理想的执政者。换句话说，理想的执政者，守无为之心，以百姓之意为意，以百姓之心为心。知民意，顺民心。

善待善者，礼尚往来，知恩图报。一般人都可以做到。善待不善待自己的人——以德报怨，就不是一般人可以做到的，只有"圣人"能做到。人们心目中的"圣人"，理想中的执政者，做到了这一点，可使世人人人向善。

信守信之人，一般人均可做到。信不守信之人，不是一般人所能做到的，只有"圣人"能做到。人们心目中的"圣人"，理想中的执政者，做到了这一点，可使世人人人守信。

理想中的执政者——"圣人"治理天下，收敛意欲，不怀成见，不固执己见，融融洽洽处事，浑然纯朴待人，百姓全神贯注，凝视凝听政令。"圣人"则把人们当"子民"（把人们当作自己的家人看待）。使人们人人向善，人人守信。使人们反朴归真，回到婴儿般的敛朴纯真状态。

第五十章 贵生够寿

出生入死。生之徒，十有三；死之徒，十有三；人之生，动之于死地，亦十有三。夫何故。以其生之厚。盖闻善摄生者，路行不遇兕虎，入军不被甲兵；兕无所投其角，虎无所用其爪，兵无所容其刃。夫何故。以其无死地。

人出世叫作生，入地叫作死。生的方式只有一种，都是从娘胎里出来的，称为降生。而死的方式各不相同，总结概括为三种类型：第一种类型（死法），人生旅途中，无意外灾祸，无人为凶祸，顺乎自然而亡，此类型属长寿之人，此类人所占的比例为三分之一。第二种类型（死法），人生旅途中，也无意外灾祸，也无人为凶祸，却英年早逝，此类型属短命夭折之人，此类人所占的比例为三分之一。第三种类型（死法）属此类型的人是第一种类型的人派生出来的。本质可以长寿，但在人生旅途中，人生道路崎岖坎坷，不是遭天灾，就是遇人祸。不是天灾人祸就是自己不慎行"道"而踏上了死亡之路，造成（导致）短命夭折，英年早逝，此类人所占的比例也为三分之一。为什么会这样呢？有些人（少数人）不恪守自然法则，虽然不贪却很懒惰，造成基本的生活所需都保证不了，贫困潦倒，饥寒交迫，不是饿死就是冻死、病死。没有达到应该活够的寿数。

有些人（多数人）贪心太重，因掠夺而财富过丰，生活娇奢淫荡，营养过剩，养痈成患，故而短命夭折（撑死了，提前到阎王爷那里报到）。

据说，精通养生之道，善于保护自己生命的人，在陆地上行走不会遇到凶恶的犀牛和猛虎。即使遇到凶恶的犀牛和猛虎，也能和犀牛、猛虎共荣共舞和平共处（识鸟音通兽语）。精兵法的人，在战争中、战场上可免受杀伤。人机智灵巧凶犀牛之角伤不到人，人机智灵巧猛虎之爪抓不到人。人通兽语，凶犀、猛虎不但不会伤人，凶犀、猛虎还可任人驱使。人懂兵法可避免武器对人的伤害（杀伤）。为什么会这样呢？因为人的修为扩大了"生"的领域，缩小了死亡的区域范围。人不易踏入死亡区域，不易踏上死亡之路。

第五十一章　尊道贵德

道生之，德畜之，物形之，势成之。是以万物莫不尊道而贵德。道之尊，德之贵，夫莫之命而常自然。故道生之，德畜之；长之育之；成之熟之；养之覆之。生而不有，为而不恃，长而不宰。是谓玄德。

宇宙万物在自然法则的支配、掌控下而创生。在道所掌控的自然条件（德）下而顺利成长、发达（育）。不同的原始物质在不同区域，不同环境，不同条件，不同时间创生着不同形状的自然物种。所以万物的创生，演化都是依照（尊）自然法则，依靠（贵）自然条件进行的。道之所以尊崇，德之所以珍贵，是因为"道"与"德"是无主观意识的。"道"是以无为的方式创生了自然万物。"德"是以无为的方式养育了自然万物。

"道"创生万物，"德"养育万物。在德的抚养保护下，使万物生长、发育、成熟、开花、结果。道创生万物而不居为己有。德养育万物而不自恃有功。"道"支配、掌控着自然万物的创生和演化。以"无为"的方式"支配、掌控"万物而不"主宰"万物。这种支配和掌控实质上就是一种"主宰"行为，但是由于"道"无意识，"道"的"主宰"是一种无意识的，是一种"无为"的主宰。"无为的主宰"完全不同于人们常说的"主宰","无为的主宰"就谈不上主宰了，所以有道生万物而不主宰万物之说。德是道的化身，道性、德性是基本相同的。同理"德养万物而不主宰万物"都是顺其自然。

如果君主以无为的方式治国、治民，使民感觉到有主宰者的存在，却感觉不到有谁在主宰自己。这样的君主可称为明君——"圣人"。这就是澳妙、玄远的德——上德。这是"道"、"德"运用的最高境界（上德）。

第五十二章 归元常存

天下有始，以为天下母。既得其母，以知其子，复守其母，没身不殆。塞其兑，闭其门，终身不勤。开其兑，济其事，终身不救。见小曰明，守柔曰强。用其光，复归其明，无遗身殃；是为袭常。

"无名"天下始。天下有始，始于"无名"。"有名"为天下（万物）之母。"无名"不是道，"无名"是一种客观存在的物质。"无名"是看不见，摸不着、测不出的物质，现在称其为暗物质"黑洞类物质"。暗物质是创生宇宙中的万物之"始"。"黑洞奇点"经热大爆炸产生的"玄之又玄"的弦粒子（有名）为创生自然万物之"母"。由弦粒子（有名）——自然万物之母演化而成的自然万物为母之子孙后代。最新最尖端科学定论：创生宇宙中的自然万物都是由弦粒子逐渐演化而成的。既知"暗物质"是自然万物之始，由暗物质——黑洞奇点创生的"弦粒子"就是"暗物质"之子。暗物质之"子"——"弦粒子"又是演化、创生自然万物之"母"。理所当然自然万物就是弦粒子的子孙后代（第一章：无名天下之始，有名万物之母）。只要弄清了"母"和"子"的内涵，潜心悟道方可悟出弦粒子是如何演化成各代子孙——自然万物。只有潜心悟道才能避免"离经叛道"的危险（没身不殆），才能悟出自然万物的演化规律。

堵塞情欲的通道，关闭情欲的大门。身无傍顾（务），终身劳而无忧，心想事成。如果让私欲贪念任其发展，就会增添许多纷乱、烦恼的事情，就容易走向岔道，将一生烦恼、一生徒劳，无可救药（治）。

观察入微是明道之举，坚守柔弱才能自强不息，才是强己之举。以自己的智慧之光反照自己，才有自知之明。才能遇难迎刃而解，遇祸逢凶化吉。才不会给自己带来麻烦和灾难。袭承常道，顺其自然才能万世不绝，万古长存。

第五十三章　正大光明

使我介然有知，行于大道，唯施是畏。大道甚夷，而人好径。朝甚除，田甚芜，仓甚虚；服文采，带利剑，厌饮食，财货有余；是为盗夸。非道也哉。

只要能悟出一点点道的真谛，就会懂得走在大路上最重要的一条是把握正确的方向。最担惊受怕的是不知不觉地走向了邪门歪道，虽然大道平坦荡然，仍有不少人不知不觉走向了邪门歪道。一旦"知觉"，会因担惊受怕寻找正途（大路正路），复归光明大道。但是有些人，主观自觉喜欢走羊肠小道，行邪门歪道。不走光明大道，不走正大光明之道，这种人积重难返在邪门歪道上一走到底，走向万劫不复的无底深渊。

君不走正大光明之道，会使朝政腐败，上行下效，人心涣散，必造成田地荒芜，四野荒凉，土地欠收，粮仓空虚，民无隔夜粮，一片荒凉景象。浑君就像强盗头子一样，巧取豪夺，搜刮民脂民膏，聚奇积富，聚敛无厌。身佩宝剑，身着华服，饱食终日，过着奢侈靡烂的腐朽生活。这是离经叛道的无道之君。

第五十四章　修道观天

善建者不拔，善抱者不脱，子孙以祭祀不辍。修之于身，其德乃真；修之于家，其德乃余；修之于乡，其德乃长；修之于邦，其德乃丰；修之于天下，其德乃普。故以身观身，以家观家，以乡观乡，以邦观邦，以天下观天下。吾何以知天下然哉。以此。

全心悟道的人会坚忍不拔，至始不喻。全心守道的人会不离、不弃、不废。悟道高深的人会得到子孙后代的无比信任、无比崇敬，将永远活在人们的心中。善于建德抱道的人不会被道所抛弃、甩脱。建德抱道会得到子孙后代的效仿，成为子孙万代的楷模，会得到子孙后代的继承和发扬。子孙万代香火不止、世世不辍、祭祀不断。

悟道修道于自身，自身的德性就会真实纯正（真）。悟道修道于全家，德育全家，全家就会兴旺发达、丰盈有余。德育全乡，全乡发达、和谐共赢，必将受到全乡人的尊崇。德育全国，国泰民安。德育天下，天下平安。功德无量，天下人就会封你为"神"封你为"仙"（老子德育天下被世人封为"太上老君、道德天尊……"）。

天下之道同理。所以通过了解自己可以推测、了解别人。

通过了解自家可推理了解知晓别家，通过了解自乡可推理了解知晓他乡，通过了解本国可推理了解知晓别国，通过了解天下的现在可推理了解知晓天下的过去和未来。我是怎么知道天下的呢？就是采用了这种方法，运用了这个道理。

第五十五章　玄府长生

含「德」之厚，比于赤子。毒虫不螫，猛兽不据，攫鸟不搏。骨弱筋柔而握固。未知牝牡之合而朘作，精之至也。终日号而不嗄，和之至也。知和曰「常」，知常曰「明」。益生曰祥。心使气曰强。物壮则老，谓之不道，不道早已。

"道"是自然万物运行、演化的自然规律。人是自然万物之一，人是一种特殊的物——生物，是一种最高等的生物。人的行为变化的规律也是道。为显示人与自然万物的区别，特称之为"德"，德不离道而合称为"道德"，"德"是道的组成部分，道包含着德，道也可称为德（拟人化），"道"与"德"好像、无严格的区分，经常通用。

道行高深、德性淳厚的人好像刚出生的小孩天真烂漫、天真无邪，既无防人之意，更无伤人之心。在天真无邪的小孩面前，毒虫猛兽猛禽不会感到有威胁，所以毒虫不螫他，猛兽也不会伤害他，猛禽也不会搏击他。常言道："人无伤虎意，虎无伤人心"，"初生牛犊不怕虎"，说的就是这个道理。

天真无邪的小孩骨弱筋柔却能紧握双手。不知男女（牝牡）交合之事，其生殖器官（阴茎）却能常常勃起，这是精力充沛之故。就像道行高深之人守柔弱、谦下的无为心境却蕴藏着无穷的力量一样。天真烂漫、纯真无邪的小孩，终日啼号（哭）而喉不噪哑，这是精力充沛、精气冲盈而和谐、和顺之故。

　　天真无邪的小孩精力充沛、精气充盈而和顺，是小孩在无为状态下，各器官、系统自然而然的生理功能和综合性能本能体现，是人体自身存在的自然规律。悟透（知）了这个自然规律，就能明白养生的道理，掌握不老的诀窍、长寿的法门。养精蓄锐、守静、抱柔、示谦下可健康长寿——长生不老，寿比南山。纵酒放歌、纵情声色，贪得无厌还贪生怕死，反遭殃遇祸。爱惜自己的生命才是真正的吉祥如意。收敛自己的贪欲是守静，发散自己的欲望是逞强。逞强好斗会早亡。

　　事物发展过于强壮，物极必反，就会慢慢地走向衰老……事物发展过于旺盛就会离道越来越远，不合道的规范。离经叛道必定会慢慢地走向死亡。

第五十六章　玄德尊贵

知者不言，言者不知。塞其兑，闭其门，挫其锐，解其纷，和其光，同其尘，是谓「玄同」。故不可得而亲，不可得而疏；不可得而利，不可得而害；不可得而贵，不可得而贱。故为天下贵。

聪明的人悟道高深，深知道的妙用。言语不多，立足实践，勤于行动。而整天喋喋不休的人，夸夸其谈，却知之甚微。半桶水不够，却荡个不停。

堵塞嗜欲的孔窍，关闭欲望的门径。不显露锋芒（不显山露水），消除纷争（处世不争），和缓收敛光芒，不伤人眼。混同于尘世，融洽于自然。淡泊明志，心胸坦荡。悟道修道达到如此境界，可称之为道行高深。道行高深之人，已经超脱亲、疏，利、害，贵、贱的世俗范围。看天下众人，一视同仁。天下人往往尊其为"圣人"。

第五十七章　淳风国安

以正治国，以奇用兵，以无事取天下。吾何以知其然哉。以此：天下多忌讳，而民弥贫；人多利器，国家滋昏；人多伎巧，奇物滋起；法令滋彰，盗贼多有。故圣人云：我无为，而民自化；我好静，而民自正；我无事，而民自富；我无欲，而民自朴。

以道（自然规律）治国，国泰民安。以奇谋巧计（奇思妙想）用兵，无往而不胜。以顺民心之策取天下，得民心者可得天下。这些道理、结论从何而来呢？我是从悟道过程中悟出来的。

国家政令，禁忌太多，人们就会越来越贫穷。人们家藏各种利器越来越多，国家社会将越来越混乱。人们心中滋生叛道之伎俩——虚伪、狡诈、投机取巧的时候，叛道之怪事、奇事、巧事，怪物、奇物、巧物奇出。当国家法令森严的时候，盗贼就会越多。故有圣人之一说：我无为守静，人们自然（发展）兴旺发达。我安分守己（道），人们自然遵规守矩。我不多事（滋生事端）人们自然自足自富。我不贪得无厌，人们自然纯真质朴。

第五十八章　顺化至圣

其政闷闷，其民淳淳；其政察察，其民缺缺。祸兮福之所倚，福兮祸之所伏。孰知其极。其无正也，正复为奇，善复为妖。人之迷，其日固久。是以圣人方而不割，廉而不刿，直而不肆，光而不耀。

执政者能够做到无为宽厚，人们就会纯朴、守信，人们安居乐业，天下就会太平。执政者政令严厉、刑法苛酷，人们就会狡黠（诈）、抱怨起异心，民心涣散，天下岂有不大乱。

福中暗藏着祸的因素，祸中蕴藏着福的因素。谁能知道什么是祸，什么是福呢？万事万物矛盾的转化有没有止境呢（孰知其极）？矛盾的对立双方是相互转化的，是循环变化的，是永无止境的。有没有一个确定的标准？祸福变换（其）并没有（无）确定（正）的标准。有人认为"吃亏"是祸，有人认为"吃亏"是福。仁者见仁，智者见智。祸福均由心而生。正在一定的条件下可以转化为邪，善良在一定的条件下可以转化为恶。人们迷惑不解长期悟不出其理。

刚劲不呵而不生搬硬套、锐棱利角而不伤他害人。直率大方而不恣意妄为。光彩夺目而不刺人耳目。做到了这一点儿，你就是人们心目中的"圣人"。

第五十九章　修德民顺

　　治人事天，莫若啬。夫唯啬，是谓早服。早服谓之重积德；重积德则无不克；无不克则莫知其极；莫知其极，可以有国。有国之母，可以长久；是谓深根固柢，长生久视之道。

　　治理百姓与悟道修身心，悟道修身（心）比与治理百姓更重要。重视修身（心）以德服人才能治理好百姓，百姓才能守信，忠诚，顺从于君。君顺民心民忠君，相辅相生。

　　重视修身，吝啬精神，养精蓄锐作好精神上的准备。不打无准备之"仗"，有备能战，战无不"胜"。有了精神上的准备，相当于德高望重——重德厚德。广积重德、厚德才能践行无不果，遇事无不克。无不果、无不克充分体现出了大道厚德的无穷力量。具有（蓄）厚德（人道）的无穷力量（能量），就可以担负起治理国家的重任。只有具备"大道厚德"的人才能安帮定国、治国。只有具备"大道厚德"的人，才能治理好国家，才能开创兴旺发达的太平盛世。其道德精神才能根深蒂固永远扎根于人们心中。以道德精神为治国之本，立国之母，才能长治久安，永保太平，才能江山永固。

第六十章　居位归真

治大国，若烹小鲜。以道莅天下，其鬼不神；非其鬼不神，其神不伤人非其神不伤人，圣人亦不伤。夫两不相伤，故德交归焉。

治理国家，就要像烹饪小魚一样。翻动太多了小魚就会碎不成形。以道治理天下，神鬼各规其位不会伤人，鬼不伤人，神不惩罚人，人们心目中就不会存在神鬼意识。神不惩罚人，圣人不扰民，人们心目中就不会存在神和圣人意识。天下万物互不相伤，人们才能尽情享受德的恩泽，道的恩（天）赐。

第六十一章　谦德共赢

大邦者下流，天下之牝，天下之交也。牝常以静胜牡，以静为下。故大邦以下小邦，则取小邦；小邦以下大邦，则取大邦。故或下以取，或下而取。大邦不过欲兼畜人，小邦不过欲入事人。夫两者各得所欲，大者宜为下。

大国要像位居于江河最下游的"海"那样。使天下纯朴、厚道的百姓像百川入海那样自然归顺于此（大国）。雌性柔弱却能克制雄性刚强（以柔克刚），这是为什么呢？这就是我要提倡宁、静谦下的为人之道、人生哲理（道的真谛）。因此大国对小国表示谦下忍让，可以取得小国的信任、依赖，成为小国的依靠，成为小国的靠山。小国对大国谦下忍让，可以取得大国的包容和保护（道的应用）。

大国的谦下、忍让，是为了取得小国的信任，成为小国的保护伞，成为小国的靠山。小国的的谦下、忍让是为了取得大国的信任。使大国成为自己的依靠，成为自己的得力靠山、坚强后盾。互助互利、共荣共赢。只要大国谦下，只图成为小国的保护者、靠山，不存统治甚至兼并（吞并）之心，小国就不会感到有过分的顺从，小国也不会存在过分的强求。双方均可满足各自欲求，各得其所，各满其欲，天下太平。创太平盛世，大国的谦下、忍让是最重要的。

第六十二章　道为贵尊

道者万物之奥。善人之宝，不善人之所保。美言可以市尊，美行可以加人。人之不善，何弃之有。故立天子，置三公，虽有拱璧以先驷马，不如坐进此道。古之所以贵此道者何？不曰：求以得，有罪以免邪。故为天下贵。

"道"是自然万物运行、演化的法宝。"道"不仅是善人善行的法宝，也是不善人改过自新、重新做（善）人的法宝。

美言可以博得人们的尊重，善行可以作为人们的楷模，让人们礼拜、效仿。让善人善上加善，让不善之人弃恶从善。善行善举可影响所有人们，庇佑所有人们，也不弃不善之人。

立天子，列三公，双手拱抱璧玉，让驷马先行以尊重他人的崇高地位。守人为规范之礼，不如遵自然之道。道法自然，道行自然，自然善行（善举）。

古人为什么要提倡遵师重道，依道修行呢？因为实践证明：遵循道法，依道修行则有行必果，事事顺心。有求必有得，有欲（呼）必有应。恶行可避（避免行恶），罪行可免（避免犯罪）。道有万能之灵气（万能之能），道是万宝之贵尊（宝中之宝）。

第六十三章　图大事小

为无为，事无事，味无味。大小多少。图难于其易，为大于其细；天下难事，必作于易，天下大事，必作于细。是以圣人终不为大，故能成其大。夫轻诺必寡信，多易必多难。是以圣人犹难之，故终无难矣。

以无为的态度去（有所）作为，以不滋事（不自以为是）的方法、方式去处理事务（办事），以恬淡而无味当作（参照味）有味。这是一种高尚玄妙的人生处世哲理。

大生于小，集小为大，多生于少，集少为多。大的事物总是由小的事物构成的。多的事务总是由少的事务构成的。（处理事物、事务，从简单（小、少）事务入手。小、少的事务处理好了，大、多的事务也就完成了。）

难事总是由易事组成。处理难事的时候，从简单、容易之处着手。简单、容易的事情处理好了，难事也迎刃而解了。大事总是由细微的小事组成。处理大事的时候，从细微的小事做起。细微的小事做好了，大事何愁不成功。

所以得道之"圣人"总是能够保持清静、谦下，不自高自大、不自吹自擂。不图丰功伟绩，却能建功立业成其大。轻易发出的诺言，必定很少兑现。把难事看得太容易，必遭困难的困扰。所以"圣人"办事无论是小事大事，易事难事均能谨慎考虑、缜密计划。这样困难总是难不倒他。

第六十四章　守微无败

其安易持，其未兆易谋。其脆易泮，其微易散。为之于未有，治之于未乱。合抱之木，生于毫末；九层之台，起于累土；千里之行，始于足下。为者败之，执者失之。圣人无为故无败，无执故无失。民之从事，常于几成而败之。慎终如始，则无败事。是以圣人欲不欲，不贵难得之货，学不学，复众人之所过，以辅万物之自然，而不敢为。

局势稳定的时候，最容易维持。没有定局的时候，倒容易筹谋。脆弱的东西最容易分化瓦解。细微的东西最容易散失。所以任何事情的处理应该在刚刚萌芽（未有）之时才有轻而易举之感。治国安民应该治在祸乱刚刚萌芽（未乱）之时，就像我们的衣服，小洞不补大洞难缝。（本人将未有未乱译作刚刚萌芽，未成大气候。是因为处理事情、治理祸乱应有处理、治理的对象。）

合抱的大树，是从弱小的萌芽开始逐渐成长起来的。九层高台是由一筐筐的土开始堆砌积聚而成的。千里远行总是从第一步开始走出来的。

有所作为（相对于无为）的将会招致失败。固执己见的将会遭受损害。圣人既无所作为，更不会固执己见因而不会招致失败，更不会遭受损害。

　　人们做事往往在快要结束眼看就要成功的关键时刻却失败了。这是因为没有把握好"最后"，没有谨慎小心，始终如一，才会导致半途而废、导致失败。相反谨慎从事，始终如一就没有办不成的事，就不会招致失败。

　　圣人能克制自己的私欲、贪欲，不追求珍贵难得之宝物。把自己的学问不当作学问，善于学习人们成功的经验。更重视学习人们不成功的教训，把教训作为反面教材，使自己不再犯错误——不再犯同样的错误。以使万事万物自然发展，以使人们在道的支配下发达兴旺。以使人们不敢妄为，不离经叛道。只有这样人们就不会走向万劫不复的危险之境地。

第六十五章 淳德大顺

古之善为道者，非以明民，将以愚之。民之难治，以其智多。故以智治国，国之贼；不以智治国，国之福。知此两者亦楷式。常知楷式，是谓玄德。玄德深矣、远矣，与物反矣。乃至大顺。

自古以来道行高深的人，并非教人如何虚为狡诈。而是教人淳朴厚实，宽厚待人。人们之所以难治，是因为人们的虚伪狡诈太多。反过来说统治者以虚伪狡诈的心机治国，国家岂有不乱之理。以纯朴宽厚顺民心之策治国，才是国家之福、人们之福。两种治国策略，是两种治国模式。了解这两种模式，深知这两种模式的优劣差异，就是道行高深了。以纯朴、宽厚、顺民心之策治国，就可称之为玄妙无上的上德了。奥妙深远的上德修养，与有为完全不同，甚至大相径庭。然而只有上德修养的人，才能使自然万物返朴归真，才能使人们淳厚纯朴，才能使宇宙万物在道的支配掌控下蓬勃发展（大顺）。

第六十六章　后己成王

　　江海之所以能为百谷王者，以其善下之，故能为百谷王。是以圣人欲上民，必以言下之；欲先民，必以身后之。是以圣人处上而民不重，处前而民不害。是以天下乐推而不厌。以其不争，故天下莫能与之争。

　　江海之所以能成为百谷之王（归宿）。是因为它善于居于低下处。所以能够成为百谷之王。圣人要想成为人们的领袖，就必须谦下、清静、善待于民，为民服务。要想成为人们心目中的理想领导者，就必须把人们的利益放在第一位。只有这样领导者虽然身居高位，高位于人民之上，而人们并不感到负担沉重，领导人民而民并不感到妨碍、伤害，普天之下的人们都乐意接受、推行其治国策略，领导者会获得人们的真心拥戴，而不会感到厌倦，不会产生排斥行为。因为其顺民心，与民不争，所以人们也不会与其相争。地低成海，人低成王。是人生哲理，至理名言啊！

第六十七章　护法三宝

天下皆谓我道大，似不肖。夫唯大，故似不肖。若肖久矣。
其细也夫。我有三宝，持而保之。一曰慈，二曰俭，三曰不敢
为天下先。慈故能勇；俭故能广；不敢为天下先，故能成器长。
今舍慈且勇；舍俭且广；舍后且先；死矣。夫慈，以战则胜，
以守则固。天将救之，以慈卫之。

天下人都说"我道"伟大（德高望重）。储藏的能量无限
大，威力、作用大无边。道不像任何具体客观事物具有感觉认
知，道是自然万物与生俱来的难以捉摸的精神力量。因为道的
伟大，所以才不像任何具体实物，才难以捉摸。如果道像任何
（自然万物）实物那样可以捉摸、感知，那么道就会像实物那样
显得非常渺小了。因为任何一个具体事物在宇宙中都是苍海一
粟，微不足道的。

道有三个最宝贵的特征（为其护法）：第一是"慈爱"，善
待万事万物，一视同仁，不弃不废任何一物。第二是"俭啬"。
道储能无限，威力无穷，作用无边。道支配、掌控自然万物的
运行与演化而从不吝啬自己的储能，也从不浪费自己的储能。
第三是从不出人头地，明明支配、掌控自然万物运行、演化而
从不自认为就是自然万物的主宰者。道隐藏在自然万物之内，

作用于自然万物之间，从不凌驾于自然万物之上。从不走在自然万物之先。具备慈爱的特性，一视同仁，善待万物，维护众生，所以能使人们勇武。具备俭啬的特性，吝啬节俭自己的储能，所以能养精蓄锐，慷慨解囊，给自然万物提供无穷无尽的能量。道支配、掌控自然万物井然有序地运行、演化，不自认为是自然万物的主宰，不出人头地反而能得到自然万物的青睐拥戴。所以自然万物均依道而行并尊其为"长"，成为自然万物的领军者。

舍弃慈爱，追求勇武。舍弃俭啬，追求大方。舍弃谦下退让，追求高居，遇事争先。结果必将自取灭亡。三宝中以仁慈最为重要。有了仁慈，以仁慈用于征战，仁者无敌，慈者胜利。以仁慈守卫国土，国土将固若金汤。攻：天佑慈者。守：天卫慈者。故仁者无敌，慈者必胜。

第六十八章　不争（齐）配天

善为士者，不武；善战者，不怒；善胜敌者，不与；善用人者，为之下。是谓不争之德，是谓用人之力，是谓配天，古之极。

善于打仗的将帅，不会逞强好武，不会穷兵黩武。也不会主张："凡是都可用武力解决问题"。善于打仗的人，总是保持着冷静的态度，不会被人激怒。善于制敌的常胜将军从不与敌人正面冲突。

善于用人的领导人，总是不骄不躁，谦虚谨慎。这是最好的不争强斗狠，不争强好胜（不争）的道德修养。这是为了充分利用别人的能力，充分发挥他人的积极性。这是"道"孕育出来的超凡脱俗的人。这是道行高深，道法齐天的圣人——齐天大圣。

第六十九章　用兵之玄

用兵有言：吾不敢为主，而为客；不敢进寸而退尺。是谓行无行；攘无臂；扔无敌；执无兵。祸莫大于轻敌，轻敌几丧吾宝。故抗兵相若，哀者胜矣。

统兵打仗的人有句名言：我们不主动进犯，但要提高警惕，防患于未然。不敢向前一步，而宁可退后一丈。这就叫"虽然有准备（阵势），却像没有准备一样。虽然作好了准备奋力抗敌，却像毫无准备抗敌一样。虽然面临强敌，却像没有敌人可打一样。却像"我们不理采他——人民委员斯大林"一样。虽然武器精良，却像"刀枪入库，马入南山"一样。出奇制胜是克敌的良方。

战争中、战场上，逞强轻敌是最大的隐患。轻敌几乎可以丧失三宝（为于无为、动于不得已（静）、胜于不争）。轻敌会丧失性命，从而引起（导致）战争的败亡。

两军势均力敌，旗鼓相当的时候。只有胸怀对人们的仁慈，怜悯之心。同仇敌忾才能克敌制胜。两军对峙仁者胜。

第七十章　至难至憾

吾言甚易知，甚易行。天下莫能知，莫能行。言有宗，事有君。夫唯无知，是以不我知。知我者希，则我者贵。是以圣人被褐而怀玉。

我（指道）的言语（道理）很容易听懂，也很容易理解，也容易做到。世人、特别是统治者，由于被私欲、贪欲所蒙蔽，所以很难理解（我的言语），故无人能施行。即使统治者能听懂、能理解，为了统治阶级的利益，却有几人愿意施行呢？

我（道）的言语（道理）是有根源、有主旨的。行事也是有根据的。就是因为人们、特别是统治阶级不理解我，不懂这个道理和实施要旨。所以世人也就悟不出道的真谛。

真正理解我的人很少。能依道而行的人就更少了、更难能可贵的了。

我（道）就像身着粗布之衣，心怀希世之宝的圣人。天下人都不容易认识（道），更不容易被发掘（道）。不被世人珍视、不被世人挖倔，是我之憾，更是世人之憾。

第七十一章　知病无病

知不知，尚矣；不知知，病也。圣人不病，以其病病。夫唯病病，是以不病。

知道自己还有所不知，这是明智之举。知之广博而自认为知不足，这是谦下、谦虚之举。不知者却自以为是，是愚蠢之举。略知皮毛就认为自己通晓自然万物变化、发展规律，就自认为上知天文下知地理，目中无人，目空一切。不知者却认为自己无不知，是糟糕之举。明道之人有自知之明，能知晓自己的缺点与不足。圣人无缺点，是因为圣人能把自己的缺点看作缺点。只有自知之明的圣人，才能认识自己的（缺点）错误，才能知错能改，善莫大焉，自我完善。正因为圣人把自己的缺点当作缺点，所以可以说圣人无"缺点"。

第七十二章　爱民爱己

民不畏威，则大威至。无狎其所居，无厌其所生。夫唯不厌，是以不厌。是以圣人自知不自见；自爱不自贵。故去彼取此。

当人们不畏惧统治者的剥削、压迫、镇压时，那么人们滔滔荡荡的反剥削、反压迫、反镇压的反抗斗争（起义）就会此伏彼起。不要逼迫人们不得安居（乐业），不要阻碍人们谋生（生产、生活）的道路。只要不剥削、压迫、镇压人民，人们才不厌恶、不反抗统治者。"哪里有压迫，哪里就有反抗"。至理名言啊！

得道的圣人，不仅有自知之明，而且不自夸自大，自鸣得意、自我陶醉、自我标榜。有自爱之心，也不自贵自荣。舍贵舍荣，舍自夸自大，而保持自知自爱，才是圣人之所为。

第七十三章 （任为）天网不漏

　　勇于敢则杀，勇于不敢则活。此两者，或利或害。天之所恶，孰知其故。天之道，不争而善胜，不言而善应，不召而自来，繟然而善谋。天网恢恢，疏而不失。

　　勇气建立在妄为的基础上，就会遭到杀身之祸。勇气建立在懂慎的基础上，就不会遭受到杀身之祸，而长命百岁。这是两种勇的结果。谦下懂慎者得利，恣意妄为者受害。天所厌恶的，谁知道这是什么（原因）缘故？即使是圣人也难以说得清楚（明白）。圣人知害防害，可得利避害。知难而解难，方可排忧解难，达到无难。

　　道的真谛——自然规律是：谦下、柔弱、清静、无为、不争，道法自然能事事顺利，事事成功。谨慎少言、不夸夸其谈（不言）方可应付自如。不发号施令方可一呼百应。心境坦然、清静无为方可筹划周全。宇宙的范围"有限而无界"（霍金定义），无所不包，无所不容。虽然宇宙（天网）宽广无边，但是自然万物都离不开道的严密的、疏而不漏地支配和掌控。

第七十四章　制惑不妄

民不畏死，奈何以死惧之。若使民常畏死，而为奇者，吾得执而杀之，孰敢。常有司杀者杀。夫代司杀者杀，是谓代大匠斲，夫代大匠斲者，希有不伤手矣。

统治者施暴政、剥削、压迫劳苦大众，导致民不聊生。人们垂死挣扎在死亡线上的时候，哪里有压迫，哪里就有反抗。人们就会奋起反抗，人们反而不怕死了。人们不惧怕死亡，是统治阶级的暴政所造成的。人们不惧怕死亡，为什么还要以死亡来吓唬他们。人们不惧怕死亡，就会奋身不顾、揭竿而起反抗统治阶级的暴政，及至推翻暴政。

统治者以德治国、治民、治天下，人们安居乐业，社会繁荣昌盛，有谁情愿夭折身亡，倒是都希望自己健康长寿、长生不老、长命百岁。在阳岁已尽自然死亡之时，还十分留恋尘世。总觉得还有许多的事情没有办完。生老病死是人类发展的自然规律。人们都认为阳岁已尽自然死亡是"天道"，尽管对尘世恋恋不舍，面对死亡只会怨天，不会怨人。

要使人们真的畏惧死亡。统治者将人民大众都不容忍的，极少数行为不正、为非作歹、胡作非为、甚至十恶不赦的人，加以严格管束，甚至处以极刑，这是顺民心之举。人民大众都认为十恶不赦之人该管该罚该杀，还有谁敢有违众意而为非作歹、胡作非为。这样揭竿而起的"起义"之举就不会发生。

天地之间，冥冥之中有一种神秘的力量。专司"杀人"的阎罗王（大自然）。阎王爷设有"专管杀人"的机构。当人们阳岁已尽（自然岁尽）之时，就委派"司杀"者前去执行"杀人"的任务（索命）。这叫听天由命，各安天命。即使有些怨天，却半点不怨人。他人不能也无须代劳（杀）。

统治者设立专管杀人的机构去执行杀人任务。这是代天实施杀伐。如果不知天命乱杀人，阳岁未尽的人被杀，人们不得不产生怨恨，怨恨统治者草菅人命。草菅人命优如同一个不会工艺的人代替高明的工艺匠去做工，代替高明的木匠去砍树木。这样的人，很少有不伤害自己的。害人伤己何为？

第七十五章　贪损政危

民之饥，以其上食税之多，是以饥。民之难治，以其上之有为，是以难治。民之轻死，以其上求生之厚，是以轻死。夫唯无以生为者，是贤于贵生。

人们之所以遭受饥荒，是因为统治者苛捐杂税太多。人民不得不陷入饥寒交迫之境地。

人们之所以难治，是因为统治者不顺民心办事，政令繁苛，强作妄为。所以难以统治。这叫民心难违。

人们之所以感到难活而冒死轻生，是因为统治者为了自己的奢侈生活刮尽了民脂民膏，使人们民不聊生。因此不怕犯死罪，誓与统治阶级冒死相搏（造反、起义）。即使死了也算不了什么，也算是解脱，早死早超生。

放弃个人的生活享受，比追求丰富充裕奢侈的生活要好得多。宽厚顺民的政治比暴虐无道的政治要高明得多。厚养自己者死，厚养民众者生。

第七十六章 （示弱）戒强则生

人之生也柔弱，其死也坚强。草木之生也柔脆，其死也枯槁。故坚强者死之徒，柔弱者生之徒。是以兵强则灭，木强则折。强大处下，柔弱处上。

人活着的时候身体是柔软的，死了之后就会变得僵硬了。植物（草木）生长旺盛的时候是柔软的，死了就会变得干硬枯槁了。所以过分强硬必走向死亡，柔弱才有生机。这个道理运用于人类也一样。以兵力逞强企图称霸世界，一定会自取灭亡（希特勒就是一个最好的例证）。就像树木粗壮（成材）必被砍伐一样。因国力强大而逞强这是下策，国力强大而守静、谦下、示柔、示弱才是上策。

第七十七章　天道至圣

天之道，其犹张弓欤。高者抑之，下者举之；有余者损之，不足者补之。天之道，损有余而补不足。人之道，则不然，损不足以奉有余。孰能有余以奉天下，唯有道者。是以圣人为而不恃，功成而不处，其不欲见贤。

自然规律（天之道，道法自然），犹如张弓射箭一样，弓位抬得太高就往下沉低一点儿，弓位抬得过低就往上抬高一点儿，弓拉得太满（紧）就放松一点儿，弓拉得太松就拉满（紧）一点儿。自然规律（天之道）是弓位抬得不高不低，弓要拉得不紧不松，才能有的放矢，矢矢中的。

封建社会的统治阶级就不是这样。统治阶级本来就过着奢侈浪费、糜烂腐朽、荒淫无度的生活。统治者衣食富足有余，却还要向本来就土地欠收温饱都难以维持的人们施行猛如虎狼的苛捐杂税。使人们更加饥寒交迫、民不聊生。

什么样的人才能用"有余"去接济天下贫苦的百姓呢？只有圣人才能做到。因为圣人做事有作为而不占有。有成就不居功，而急流勇退，也不愿炫耀自己的贤得、才能。

第七十八章　承信则任

天下莫柔弱于水，而攻坚强者莫之能胜，以其无以易之。弱之胜强，柔之胜刚，天下莫不知，莫能行。是以圣人云：「受国之垢，是谓社稷主；受国不祥，是为天下王。」正言若反。

天下没有什么东西比水更柔弱的了。但他具有无坚不摧的无穷潜能。攻坚克强却没有什么东西可以胜过水。滴水穿石，弱能胜强，柔能克刚。这是不可改变的道理，至理名言，永恒真理。天下没有人不知道这个道理，但没有多少人能做到。所以圣人说能承担全国的屈辱，才能成为一国之主。能承担国家所有的灾祸，才能成为天下的君王。

正面的话好像在反说一样。动机与效果好像适得其反。"天下的罪孽都归我吧！我不下地狱谁下地狱"。这是"道、佛"的最高境界。道的真谛真是深澳难悟啊！

第七十九章　任契弃彻

　　和大怨，必有余怨；报怨以德，安可以为善。是以圣人执左契，而不责于人。有德司契，无德司彻。天道无亲，常与善人。

　　调解深仇大恨，心中免不了总要留下点滴余怨。以德报怨并不是妥善、最好的办法。最好的方法是什么呢？怎样才算是与人为善呢？

　　悟道深厚的圣人，就像借贷人虽然有借据，只保存借据存根。而不堂而皇之强行索取、偿还债务，强行追究责任。有德的人就像持有借据的圣人。不凭票据逼债、凭律纪行政，而是宽厚待人。立法严正施法仁。

　　无道（无德）的人君，只知索取，并不给予。就像司税官那样——凭票据强行索取、追究责任，依法惩人。这样就有可能造成人民萌发、产生逆反之心，甚至积蓄仇怨。

　　天道无私、无疏、无亲。只帮助（给予）仁、德双全的人。仁德双全才称得上是明君（圣人）。

第八十章　独安其乐

小国寡民。使有什伯之器而不用。使民重死而不远徙。虽有舟舆，无所乘之，虽有甲兵，无所陈之。使民复结绳而用之。甘其食，美其服，安其居，乐其俗。邻国相望，鸡犬之声相闻，民至老死，不相往来。

理想的国家是：国土面积要小，人们数量不宜太多。人很少则人与人之间的冲突、纠纷就会减少。人心齐、泰山移，办事顺利。人们和睦相处，纵有许多兵器也不会用于人与人之间的争斗。纵有很多兵器也只是运用来防范禽兽的干扰。纵有很多兵器也只是为了运用它获取生活资源。没有苛刑暴政，人民也不需要冒着生命危险离乡背井去谋生。虽有船只车辆，也没有机会使用。临国（临村）友好，互不侵犯，社会治安良好，天下太平。虽有兵器盔甲也没有用武之地。使人民像"结蝇记事"时代那样过着悠闲、清静、逍遥自在、安逸快乐的生活。人人清心寡欲，用不着清规戒律，也不需要什么人文景观。食自产粗粮也觉得甘美清香。穿着自制的粗布衣裳，但觉得大方漂亮。居住自砌的泥坯草房，也觉得舒适安逸，温馨宽敞。风俗纯朴，心情快乐欢畅。临国（村庄）能听到对方的鸡鸣狗吠。人们从生到死，彼来我往，相互友善，互不相伤，安然无羌。人们都能够寿终正寝，颖养天年。

第八十一章 本质显现

信言不美，美言不信。善者不辩，辩者不善。知者不博，博者不知。圣人不积，既以为人己愈有，既以与人己愈多。天之道，利而不害；圣人之道，为而不争。

老实（的话）、真实（的话）、可信的话用不着花言巧语。花言巧语就不一定是老实（的话）、真实（的话）、可信的话。行为良善的人不会用花言巧语来狡辩。以花言巧语狡辩的人非善良之辈（属于狡诈之徒）。

从学识态度而论，真正有学问的人，不会卖弄自己的学问，深知学海无涯，总觉得自己学识浅博，总觉得未知世界太广太博，总能够虚心向别人请教。（正如现代大科学家爱因斯坦所比喻的：人们所掌握的知识像一个圆球内的体积，未知知识像一个圆球外的无限空间。一个人掌握的知识越少，圆球与外界未知世界接触面积就越少，总觉得自己知道得差不多了。一个人掌握的知识越多，圆球与外界未知世界接触面积就多，却总觉得自己所学是略知皮毛。成就卓著的牛顿也曾说过：我所发现的几个定律、总结出来的几个定理，就像在知识的海洋之岸玩耍的小孩，在海岸边缘捡到了几颗光滑一点的卵石，几颗美丽、漂亮一点的贝壳。而对于展现在我面前的真理的海洋，却全然没有发现。从知识结构而论：真正有学问的人，是那些在某一科学领域有独特的发现、突破性贡献的人。而不是那些什么都知道一点，什么都是略知皮毛的人。

圣人清心寡欲无私不贪。无论是精神的，还是物质的财富都不俱为己有，都不存占有之心。尽心尽力、全心全意帮助、照顾别人的人自己总是感觉愉快、充足、踏实。乐善好施，倾其所有帮助别人，反而觉得自己非常富有。

自然之道（天之道），道法自然，万事万物蓬勃发展。圣人之道（人之道），只讲贡献与施予。誓为人们献身、心。名誉、利益、财富从不与人争。毫不利己专门利人不害人。